| 탁석산지음 |

탁석산의 글쓰기 5 - 토론은 기싸움이다

저자_ 탁석산

1판 1쇄 발행_ 2006. 10. 4.
1판 3쇄 발행_ 2016. 9. 11.

발행처_ 김영사
발행인_ 김강유

등록번호_ 제406-2003-036호
등록일자_ 1979. 5. 17.

경기도 파주시 문발로 197(문발동) 우편번호 10881
마케팅부 031)955-3100, 편집부 031)955-3250, 팩시밀리 031)955-3111

저작권자 ⓒ 2006, 탁석산
이 책의 저작권은 저자에게 있습니다.
서면에 의한 저자와 출판사의 허락 없이 내용의 일부를 인용하거나 발췌하는 것을 금합니다.

COPYRIGHT ⓒ 2006 by Tak suk san
All rights reserved including the rights of reproduction
in whole or in any form. Printed in KOREA.

값은 뒤표지에 있습니다.
ISBN 978-89-349-2329-9 04320
　　　978-89-349-1984-1(세트)

독자의견 전화_ 031)955-3200
홈페이지_ http://www.gimmyoung.com　카페_ cafe.naver.com/gimmyoung
페이스북_ facebook.com/gybooks　　　이메일_ bestbook@gimmyoung.com

좋은 독자가 좋은 책을 만듭니다.
김영사는 독자 여러분의 의견에 항상 귀 기울이고 있습니다.

[탁석산의 글쓰기 5]

토론은 기싸움이다

| 탁석산 지음 |

김영사

들어가며

민주주의 시대에 개인은 피곤하다. 불만이 많고 맘에 들지는 않았지만 예전에는 시키는 대로 하면 됐었는데 지금은 자신의 의견을 말해야만 하고 토론에 나가야만 한다. 아무리 많이 알고 있어도, 아무리 글을 잘 써도 그 자리 그 상황에서 적절하게 자신의 의견을 표현하지 못하거나 다른 사람의 견해를 논파하지 못하면 정말 살기가 피곤한 시대가 되고 만 것이다. 즉 말 잘하는 능력은 민주주의 시대에는 선택이 아닌 필수가 된 것이다. 수많은 회의, 면접시험, 발표 등 말로 해야만 하는 일이 너무나 많아졌다. 이 책은 민주주의 시대에 어떻게 말하는 것이 효과적인가를 알려주고자 한다.

토론은 기싸움이라는 제목이 오해를 일으킬 수도 있겠다. 토론이라고 하면 상대를 존중하면서 더 나은 결론을 도출하기 위해 지혜를 짜내는 과정이라고 할 수 있는데 거기에 싸움이라는 말은 적절치 않아 보이기 때문이다. 하지만 현실은 이와 사뭇 다르다. 모두 같은 의견을 갖고 있다면 뭐 하러 토론이나 회의를 하겠는가. 물론 의례적인 회의나 토론도 있는 것이 현실이나 그런 것이라면 특별히 준비할 것도 없으니 논의할 필요가 없을 것이다. 따라서 보통 토론이나 회의는 의견이 다른 사람들이 서로를 설득하여 자신의 의견을 관철시키려는 한판 승부라고 할 수 있다. 물론 타협이라는 것도 존재하지만 서로 주도권을 잡으려고 두고 치열하게 싸우는 것이 외면할 수 없는 현실이다. 이 책은 이런 현실을 인정하고 어떻게 하면 토론에서 이길 수 있는가를 알려주려고 한다. 이런 발언은 소크라테스가 아닌 소피스트의 냄새가 나게 하는데 이것은 사실이다. 즉 이 책은 소피스트의 입장에서 쓰인 것이다. 하지만 오해는 하지 마시길. 현대가 왜 소크라테스가 아닌 소피스트의 시대인가는 책에서 충분히 설명하고 있으니까.

토론이 싸움이고 특히 기싸움이라면 그 싸움이 쉽지 않다는 것을 알 수 있다. 왜냐하면 기라는 것이 추상적이기 때문이다. 따라서 이 책은 토론에서 이기려면 단순히 기술만을 익혀서는 안 된다는 것도 함께 말하고 있다.

무협영화를 보면 고수는 고수를 한눈에 알아본다. 어떻게 알아보는가? 풍기는 기가 다르기 때문이다. 현대의 토론도 마찬가지이다. 강도 높은 사고훈련과 풍부한 독서를 하였다면 몇 마디만 나눠보아도 상대방은 금방 고수라는 것을 알아챈다. 예전에는 칼로 몇 합을 겨뤄봄으로써 고수인지 아닌지를 알 수 있었다면 현대는 몇 마디 말을 주고받음으로써 상대를 파악할 수 있다는 것이다. 따라서 평소에 교양을 쌓는 것이 가장 좋은 방책이 될 것이다.

그렇다고 해서 이 책이 교양을 쌓으라는 막연한 말만 하는 것은 물론 아니다. 교양을 쌓는 것을 기본으로 하고 실전에서 어떤 구체적인 요령과 기술이 필요한가를 세세히 알려주려 한다.

토론을 할 때는 결론부터 말하는 것이 좋은데 토론도 결국 논증의 전개과정이기 때문이다. 논증에 대한 이해와 습득 없이 토론에 임하는 것은 매우 위험한 일이다. 사례라든가 비유라는 것은 논증이 있은 후에야 빛을 발할 수 있다. 즉 잔기술에 의존하지 말고 기본이 되는 논증에 충실하고, 말하기의 본질이 무엇인지를 확실하게 안 후에 구체적인 기술과 요령을 익히는 것이 좋을 것이다. 아무쪼록 말짱이 되기를!

차례

01 들어가며
소피스트의 시대가 오다 _ 11

말짱이 뜨는 시대 _ 13
현대는 거대한 소피스트의 시대다 _ 17
자신은 스스로 지켜야 한다 _ 24
개인이 만물의 척도이다 _ 29
말짱은 변화를 만드는 사람이다 _ 35

02
말하기는 퍼포먼스다! _ 45

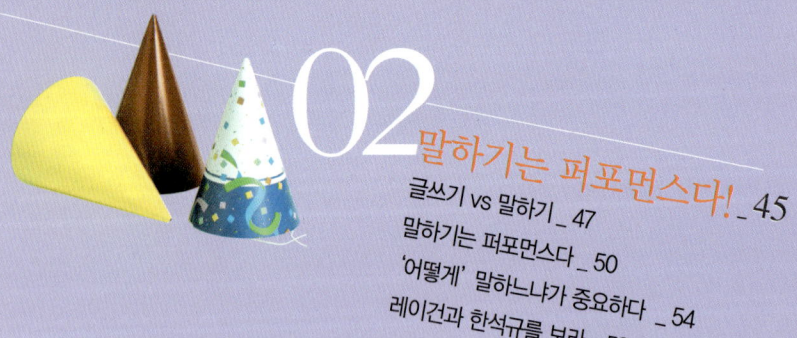

글쓰기 vs 말하기 _ 47
말하기는 퍼포먼스다 _ 50
'어떻게' 말하느냐가 중요하다 _ 54
레이건과 한석규를 보라 _ 58

03 말하기, 이렇게 해라 _ 65

목소리에 색깔을 입혀라 _ 67
논제를 회피하지 마라 _ 80
간단명료하고 짧게 말하라 _ 89
유머를 잊지 마라 _ 98

04 상황에 따른 구체적인 가이드 _ 107

말하기의 유형과 특징 _ 109
토론의 기술 _ 113
발표의 기술 _ 125
면접의 기술 _ 142
임기응변에 능해야 한다 _ 152

05 말하기를 완성하는 2% _ 161

외모에 신경을 써라 _ 163
비유나 사례 중심으로 말하라 _ 170
생생한 체험이 약이다 _ 179
예의를 지켜라 _ 187

01

소피스트의 시대가 오다

말짱이 뜨는 시대
현대는 거대한 소피스트의 시대다
자신은 스스로 지켜야 한다
개인이 만물의 척도이다
말짱은 변화를 만드는 사람이다

더 좋은 의견을 제시하라

말짱이란 참된 의견을 말하는 사람이라기보다는 더 나은 의견을 제시함으로써 사회라는 공동체의 유용함을 증대시키는 사람이라고 할 수 있지. 참된 의견이 아니라 더 좋은 의견을 낸다는 점에 주목해야 한다.

말짱이 뜨는 시대

우리나라뿐 아니라 전세계적으로 말짱 열풍이 불고 있다.

현민은 아침에 일어나 신문을 펼쳤다. 요즘은 별로 새로운 기사가 없었다. 뉴스는 전날 인터넷 포털 사이트에서 이미 보았기 때문에 아침에 보는 일간지는 마치 전날 뉴스의 해설이나 심층 보도 정도로 보이기 때문이다.

그래도 습관이 무섭다고 아침마다 신문을 뒤적인다. 늘 보는 지루한 정치 얘기, 확실하지도 않은 경제 얘기, 흥미 위주의 사회면을 넘기다 '말짱'이 뜬다는 제목이 붙은 기획 기사에 눈이 갔다. '침묵은 禁…학점도 취업도 말의 힘'이라는 구호가 큰 활자로 처리되어 눈길을 끌고 있었다. 말짱이 뜬다는 기사인데 대충 읽어보니 캠퍼스에서 얼짱, 몸짱보다 말짱이 인기를 끌고 있으며 이에 따라 스피치 토론 과목이 필수 과목으로 잇따라 지정되고 있다는 요지였다. 물론 몇몇 사례가 소개되어 있었고, 요즘이 얼마나 말하기가 중요한 시대인가를 거듭 강조하고 있었다. 이런 사례도 포함되었다.

> 성균관대 말짱 김성태(19·인문과학계열 1년) 씨의 인기는 선후배 구분이 없다. 김 씨와 함께 조를 짜 발표 수업을 하면 대부분 A학점을 받기 때문에 그와 친해지려는 사람이 줄을 설 정도다. 그의 주장은 설득력이 있고 재미있어 귀에 쏙쏙 들어온다는 평이다.
> ― 동아일보, 2005. 11. 2.

게다가 기획 기사답게 '말 잘하기 열풍' 배경이라는 해설 기사가 붙어 있었다. 제목을 본 현민은 짧은 시간이지만 생각에 잠겼다. 과연 배경이 뭘까? 왜 요즘 말 잘하는 것에 관심이 쏠리는 걸까? 예전에는 말 잘하는 사람은 말만 번드레하게 한다거나 남자답지 않다거나 수다스럽다든가 하는 평가를 받았던 것 같은데…. 그리고 교언영색(巧言令色)이라고 해서 말을 잘하는 것에 뭔가 부정적인 이미지도 있었던 것 같은데 이제는 아니라는 말인가 본데…. 어쨌든 말 잘하기 열풍의 배경은 무엇일까? 한번 읽어보자.

'단절'과 '개인주의'로 대변되는 디지털 시대가 최근 의사소통에 관심이 높아진 이유를 학자들은 개개인의 재사회화(再社會化) 과정으로 설명한다. 고려대 현택수(사회학) 교수는 "일방적으로 자신의 주장만 하고 사라질 수 있다고 생각되던 인터넷 공간이 오히려 더 많은 사람과 접하는 결과를 낳게 돼 보다 설득력 있는 대인 커뮤니케이션이 주목받고 있다"고 설명했다. 인터넷 카페, 개인 홈페이지, 댓글 문화 등을 통해 자신을 표현할 기회가 많아진 대학생들이 좀 더 효과적인 방법이 아니고는 자신의 주장을 관철시키거나 주목받기 힘들어졌다는 분석이다. 또 디지털 세대는 개개인으로 세분화되고 파편화된 것처럼 보이지만 결국은 또 다른 개인과 상호작용이라는 사회화 과정을 거치지 않고서는 존재 의미를 갖기 어렵다는 것. 나이 등을 바탕으로 한 수직적인 문화가 개인을 중시하는 수평적인 문화로 바뀌는 과정에서 말하기는 필수적인 요소가 되고 있다는 분석도 있다. 중앙대 김의철(심리학) 교수는 "과거 수직적이고 간접적인 의견 표출에서 다양한 경로를 통해 자기표현의 기회가 많아지면서 수평적이고 적극적인 표현 능력을 요구받게 됐다"고 말했다. 서울대 기초교육원 유정아(정책학 박사과정) 강사는 "'말짱'의 트렌드는 딱딱하고 모호한 주장이 아닌 유머러스하고 구체적인 실증주의적 설명"이라며 "선진국에서도 대학의 말하기 강좌가 이미 필수과목으로 개설되는 등 '말짱' 열풍은 세계적으로 보편화되는 추세"라고 말했다.

— 동아일보, 2005. 11. 2.

으흠, 말짱의 시대인가 보다. 그런데 배경 설명은 조금씩 다르네. 현민은 개인을 중시하는 수평적 문화로 인해 말짱 시대가 도래했다는 설명에 마음이 끌렸다. 하지만 뭔가 충분하지 않아 보였다. 그리고 말짱 시대가 실증주의적 설명과 어떤 관련이 있는지 이해할 수가 없었다.

왜 요즘 말짱 열풍이 거세게 부는 걸까? 게다가 이런 현상은 우리나라에 국한된 것이 아니라 세계적인 현상이라고 하는데 그 이유가 뭘까? 궁금증과 동시에 기적의 도서관이 떠올랐다. 맞아, 기적의 도서관이 있었지! 가서 멘토한테 물어보자. 현민은 몸을 일으켜 바로 도서관으로 향했다.

현대는 거대한 소피스트의
시대다

소피스트는 객관적 진리가 아닌 인간의 경험에 기초한 진리를 추구했다.

"그래, 뭐가 궁금하냐?"

예의 조금 통명한 톤으로 멘토가 물었다. 귀찮다는 표정은 아니었지만 그렇다고 반기는 표정도 아니었다. 그저 자신의 일을 하고 있을 뿐이라는 직업적인 무표정이 역력했다. 기분이 살짝 나쁠 뻔도 했으나 으레 그러려니 여기면 그뿐이니 신경 쓸 필요는 없었다. 궁금한 것을 알면 되는 것이니까. 현민은 마음을 가다듬고 멘토의 말에 답했다.

"다름이 아니라 왜 요즘 그렇게 말 잘하기 열풍이 불고 있는지 궁금합니다."

"질문을 구체적으로 해야지, 막연하게 하지 말고. 요즘 말 잘하기 열풍만 불고 있냐? 글 잘 쓰기 열풍도 불고 있지 않느냐. 둘 다 불고 있는데 왜 말만 거론하느냐?"

처음부터 까다롭게 나오네. 멘토는 기적의 도서관에 있는 편의시설의 일부로 질문을 하면 홀로그램처럼 등장하여 움직이고 말하는 존재인데, 자신이 윗사람이라도 되는 것처럼 무시하는 듯한 어투로 말한다는 것은 서비스에 무엇인가 문제가 있는 것 아닌가. 이런 생각도 들었지만 현민은 일단 궁금증부터 해소하고 나서 서비스센터에 말하기로 마음먹었다. 그래서 애써 웃으면서 다시 질문했다.

"글쓰기 열풍은 사회가 발전함에 따라 합리성 요구가 높아지고, 또한 시스템화됨으로써 논리에 대한 요구가 높아지기 때문인 것으로 이해하고 있습니다. 한마디로 합리성이 요구됨으로써 글의 시대가 열렸다고 봅니다. 맞습니까?"

"좋아. 제대로 알고 있구나. 그래서?"

"그래서 글쓰기 열풍은 이해가 가는데 왜 말 잘하기 열풍까지 부는 것입니까?"

"왜, 말이 어때서?"

"사회생활을 하는 데 의사소통 능력이 중요하다는 건 이해하겠는데 왜 말 잘하기 열풍, 말짱의 시대가 된 것인가? 이것이 제 질문입니다."

"흐음, 제대로 된 질문 맞네. 그래, 너는 이유가 뭐라고 생각하느냐?"

"아직 제 생각은 없고요. 신문 기사를 보니까 현대는 수평적인 문화 시대이기 때문에 말하기가 필수가 되었고, 따라서 잘 하려고 하는 것이라고 합니다. 동의하십니까?"

"뭐 틀린 말은 아니다. 개인을 중시하는 수평적 문화라는 것에 동의한다."

"아, 예."

"수평적 문화가 되면 말하기가 필수가 되고 중요시되는가? 이 점을 따져 봐야겠구나."

"그건 저도 알 것 같습니다."

아는 척하고 현민이 말했다.

따져 볼 것이 있나? 수직적 문화에서야 윗사람이 시키면 시키는 대로 하면 되니까 자신의 의견을 말할 필요가 없지. 또 있다 하더라도 짧게 그리고 윗사람의 비위를 맞추지 않으면 오히려 눈 밖에 나게 마련이니까 거의 말할 필요가 없는 거지. 그런데 수평적 문화에서는 사정이 다르지 않은가. 대등한 관계에서 자신의 의견을 적극적으로 나타내지 않으면 살아가기 힘들겠지. 뭐 이런 거 아닐까.

"속으로 뭔 생각을 그렇게 하냐? 알 것 같다고 했으면 대답을 해야지. 그럼 내가 먼저 하나 물어보자. 수평적 문화가 대등한 관계라면 말하기와 힘께 글쓰기도 중요하지 않겠느냐? 그런데 왜 하필 말하기가 더 중시될까?"

"어려운데요. 요약하면 어떤 질문인가요?"

멘토의 미간이 약간 찌푸려지는 게 보였다. 하지만 이내 멘토의 목소리가 들렸다.

"쉽게 말하자면 수평적 문화가 되면 왜 말하기가 필수가 되는 것일까? 이런 말이다."

"정말 왜 그런가요? 제가 묻고픈 거였는데요. 이상하네."
"그렇게 되나. 좋다. 말해 보자. 조금 거창한데 괜찮겠나?"
"괜찮다마다요. 어서 하시죠."

무슨 말씀을 하시려고 저렇게 뜸을 들이시나. 그런데 별로 기대가 안 되네. 곧 멘토의 설명이 이어졌다.

"현대는 다시 한 번 소피스트의 시대이다. 무슨 말이냐 하면 소크라테스의 시대가 아니라는 것이지."

"잠깐만요. 소피스트의 시대는 무엇이고, 소크라테스의 시대는 또 무엇입니까? 소피스트랑 소크라테스는 알아도 소피스트의 시대나 소크라테스의 시대는 모르겠습니다."

"그럴 수 있지. 하지만 어려운 얘기도 아냐. 소크라테스는 진리란 무엇인가를 묻는 사람이지. 즉 진리란 객관적인 것이라는 거야. 다시 말해서 주관이 배제된 진리가 존재한다고 주장한 거지. 이에 반해 소피스트들은 진리란 주관적인 앎에 관계된 것이라고 주장했지. 소크라테스가 진리 자체를 추구했다면 소피스트는 개인의 진리를 추구한 것이라고 할 수 있지. 알겠느냐, 무슨 말인지?"

캬~! 이게 무슨 말인가! 이렇게 어려운 얘기를 하고도 '알겠지?' 라고 묻는 것은 또 무슨 만행인가. 하지만 어쩌랴. 모르면 물어야지.

"잘 모르겠습니다. 소피스트는 궤변론자로 알려져 있는데 소피스트가 개인의 진리를 추구했다니 무슨 말입니까?"

"개인의 진리라는 말은 진리가 하늘 어디엔가 있는 것이 아니

라 인간에게 의존한다는 것이지. 다시 말해서 가정된 제1원리라든가 부정할 수 없는 최초의 원인이라든가 하는 것을 부인하고 인간의 경험에 진리의 기초를 둔다는 얘기야."

"더 어려운데요. 그 얘기는 조금 후에 하고 왜 현대가 소피스트의 시대인가부터 하면 안 될까요?"

"안 되는 게 어디 있냐, 다 되지. 좋다. 그럼 재미있는 얘기부터 하자."

재미있는 얘기? 그런 거 좋더라. 일단 재미가 있어야지 그 다음으로 들어가든지 말든지 하지. 어떤 얘길까?

"옛날 그리스에서는 시민이면 누구나 고소할 수가 있었어. 즉 고발하면 바로 재판이 열렸다는 것이야. 지금처럼 검사가 기소를 독점하거나 하는 일은 없었지. 고소를 하게 되면 재판이 열리게 되고 재판이 열리면 고소인은 왜 고소했는지를 많은 사람 앞에서 밝혀야 했고, 피고소인은 왜 고소가 부당하며 자신이 무죄인가를 밝혀야 했지. 물론 당시에도 변호사가 있었다고 하나 직접 당사자가 변론하는 경우가 많았나 봐. 소크라테스도 직접 자신이 변론한 경우지."

"그래서요? 그게 이 문제와 어떤 관계가 있습니까?"

"관계가 많지. 이런 거야. 고소를 할 만한 일로 하면 무슨 문제가 있겠어. 하지만 그렇지 않은 경우도 많았다는 거야. 예를 들어 옆집 강아지가 자기 집 앞에 똥을 싸서 피해를 입었다고 고소를 하는 경우도 있을 수 있었다는 것이지. 물론 예로 든 거야. 이런 경우 사실이 아닌데도 변론을 잘 못하면 배상금을 물어줘야만 하는 거지. 이런 거야 사소한 예이지만 전 재산이 걸리거나 심지어는 목숨이 걸린 경우도 있지 않았겠어? 사정이 이렇다면 사람들이 어떻게 해야 했을까?"

자신은 스스로 지켜야 한다

고대 그리스 인은 재판에서 이기기 위해 변론술을 배웠다.

"변호사를 사면 좋겠지만 그렇지 못할 경우 자신이 직접 변론을 해야 하는데…. 글쎄요. 어쨌든 잘 해야겠죠."

현민은 잠시 생각해 보았지만 어떻게 해야 좋을지 뾰족한 방법이 떠오르지 않자 이렇게 말하고 멘토를 쳐다보았다.

"어떻게 하면 잘 하겠느냐?"

멘토가 되물었다.

그걸 몰라서 뭉뚱그려 대답한 건데…. 하지만 배우는 입장이니 열심히 고민을 해 봐야겠군. 어떻게 해야 잘 하는 걸까? 이리저리 머리를 굴리던 현민이 입을 열었다.

"으음, 배워야죠. 다른 방법이 있나요."

"그렇겠지. 그래서 변론술을 가르치는 사람들이 등장하게 된 것이지."

"그 사람들이 그럼 소피스트인가요?"

"눈치 한번 빠르구나. 네 말대로 변론술을 전문적으로 가르치는 사람들이 바로 소피스트였지. 요즘으로 말하면 학원 같은 거라고 할까. 돈을 받고 재판에서 이기는 법을 가르쳤으니까 전문 변론 학원이라고 할 수 있겠네."

"네, 그렇군요."

현민이 고개를 끄덕이며 말했다.

"재미난 얘기 하나 더 해 줄게. 잘 들어 봐. 어떤 학생이 소피스트 학원에 등록해 강의를 들었어. 그런데 과정을 마쳤는데도 이 학생이 수업료를 내지 않는 거야. 그래서 선생은 학생을 고소했지. 그 당시로 보면 당연한 조치였어. 드디어 재판이 벌어졌지. 재판관이 학생에게 물었어. 너는 왜 수업료를 내지 않느냐고. 그랬더니 학생이 이렇게 대답했어. 자신이 재판에서 이기면 당연히 수업료를 내지 않아도 되고, 지더라도 낼 필요가 없다고 말야. 왜냐? 선생은 재판에서 이기는 법을 가르쳐 준다고 했는데 재판에서 자신이 진다면 선생이 잘못 가르쳤기 때문이므로 낼 필요가 없다는 것이었지. 기가 찰 노릇이었지. 재판관은 선생에게 이에 대해 어떻게 생각하느냐고 물었어. 그랬더니 선생이 이렇게 말했대. 재판에서 자신이 이긴다면 당연히 학생은 수업료를 내야 하고, 만약에 지더라도 학생이 수업료를 내야 한다고. 왜냐? 자신에게서 재판에서 이기는 법을 배웠으므로 그 값을 치러야 한다는 것이었지. 재밌지? 어떻게 됐을 것 같아? 이것이 유명한 딜레마의 예인데, 이 정도로 소피스트가 운영하는 학원이 일반화되었다는 얘기지."

"정말 재밌네요. 그런데 그 정도로 보편적이었나요?"

옛날에도 이런 일이 있었다는 게 신기하다는 듯이 현민이 질문했다.

"그렇지. 요즘 말짱 시대를 맞이하여 각 대학에서 경쟁적으로 말하기 강좌를 개설하는 것과 하나도 다를 것이 없었지. 같은 시대니까."

"그래도 같은 시대라고 하니까 조금 이상하네요."

"아니야. 이상할 것도 없어. 그때도 민주주의 시대였고 재판은 배심원의 투표로 이루어졌으니까. 그 이후로 한 번도 인류 역사에 민주주의는 없다가 근대에 부활하여 현대에 전성기를 맞이하고 있으니 시대 상황은 현대와 매우 흡사하다고 할 수 있지."

"아, 네에. 근데 아까 학원 얘긴데요. 제가 다녀 봐서 아는데 학원끼리의 경쟁도 치열했겠네요."

"그랬겠지. 재판에서 이기는 법을 가르치기 위해서 각종 신무기 개발에 열을 올리지 않았을까? 그래야 경쟁에서 살아남았을 테니까. 그렇지 않겠냐?"

글쎄, 어떤 식의 경쟁이었을까? 하는 의구심이 현민의 얼굴에 잠깐 나타났다 사라졌다. 멘토는 그것을 놓치지 않고 본 모양이었다.

"어떤 경쟁이었는지 궁금한 모양이구나. 내가 보여 주마."

스크린이 내려왔는데 그 위에는 플루카르코스의 〈페리클레스의 생애〉 4.3의 단락이 인용되어 있었다.

페리클레스는 또한 엘레아 학파 제논의 학생이었는데, 제논은 파르메니데스처럼 자연학에 대해 논의했으며, 논변에서 상대편의 입장을 검토하여 반대되는 논변들을 통해[di'antilogias] 그들을 아포리아의 상태로 몰고 가는 종류의 기술에 능통했다; 따라서 프리우스의 티몬은 그 결과에 있어서 실패하는 법이 없는 제논의 위대한 힘에 대해 말할 때 그를 양날의 혀를 가진 사람으로, 모든 것들의 급소를 쥐고 있는 사람으로 표현했다.
— 《소피스트 운동》, 조지 커퍼드 지음/김남두 옮김, 아카넷, 2003, 142쪽

그리고 바로 이어서 142쪽에서 다음 쪽에 걸쳐 이 단락이 무엇을 말하고 있는지도 인용되어 있었다.

자신의 적수들이 선택한 입장 또한 그 입장 자체의 부정을 함축한다는 점에서 모순적이라는 것을 보임으로써 적수들을 침묵시킨 제논의 방법의 과정을 여기서 티몬은 올바로 보이고 있다. 우리가 이미 살펴보았듯이 이는 반론술(antilgike)의 방법이며 아마도 전 소피스트 시기를 통해 가장 두드러진 특징이다.
— 위의 책, 142~3쪽

읽어보았으나 내용이 꽤 어려웠다. 하지만 요지는 파악이 됐다. 반론술이라는 기술이 매우 유명한 논파 기술이었으며 소피스트 시기 내내 가장 중요한 변론술 중 하나였다는 것이었다.
"경쟁이 심했다고 느껴지느냐?"

"예. 중국 무협지랑 비슷하다는 느낌도 받았습니다. 어느 파에서 천하무적의 비급을 창안했다는 그런 느낌 말입니다."

"듣고 보니 그런 것도 같구나. 이렇게 소피스트들의 치열한 경쟁은 지금과 다를 바가 없거니와 그때도 아까 말한 것처럼 돈을 내고 말 잘하는 법을 열심히 배웠다는 거야. 왜냐? 자신을 보호하기 위해서지. 누가 자신을 고소할지 모르는 상황인데 열심히 변론을 배워 놔야 안심이 되지 않겠느냐는 거지. 이해가 가냐?"

"예. 재판에서 모든 것이 결정나는데 말을 잘 못했다면 정말 생명과 재산에 치명적인 위협이 되었겠군요. 그 결과 말 잘하는 법을 가르치는 선생들, 즉 소피스트들이 등장하게 된 것이고요."

"잘 이해했구나. 그런데 한 가지 물어보자. 과연 소피스트가 말 잘하는 법을 가르치면서 오직 재판에서 이기는 법만 가르쳤다고 생각하느냐, 아니면 말 잘하는 법을 돈 받고 가르친 것은 사실이지만 나름의 철학이 있었다고 생각하느냐?"

"에이, 질문이 너무 뻔하네요. 그거야 후자니까 그렇게 물어보신 것 아닙니까. 하실 말씀이 있는 거죠?"

"이번에는 너무 유치했나 보다. 살짝 쪽팔렸지만 할 말은 해보자."

멘토는 무안한 듯 뒷머리를 긁적였다.

개인이 만물의 척도이다

현대는 개인의 시대다. 책임의 주체 역시 개인일 수밖에 없다.

무슨 심각한 얘기를 하려나? 왜 이리 뜸을 들이지. 그런 만큼 기대되는 걸. 멘토의 다음 말을 기다리며 현민은 이런 생각을 하고 있었다. 멘토는 목소리를 가다듬는 듯 헛기침을 몇 차례 했다. 그리고는 이내 입을 열었다.

"다른 게 아니고 너는 현대의 특징이 뭐라고 생각하느냐?"

"너무 막연한 질문인 것 같은데요. 범위를 좁혀서 말씀해 주시지요."

"많이 컸구나. 하지만 네 말이 맞다. 우선 이런 말을 하고 싶다. 현대는 인류 역사상 찾아보기 힘든 개인의 시대다."

"개인의 시대라고요? 그렇다면 그전에는 개인이 없었다는 겁니까?"

"그렇다고 할 수 있지. 우리가 앞에서 말했던 그리스의 민주주의 시대가 예외적이라고 할까. 인류 역사에서 개인이 발견된 것은 근대 이후라고 해야 할 거야. 그전에는 어느 집안의 누구라든가 어느 지방의 누구라든가 하는 식이었지. 단적으로 예를 들어 보면 개인에게 이름이 부여된 것은 근대 이후라는 거야. 그전에야 대부분의 사람이 마당쇠 식으로 불렸고, 그것은 서양도 마찬가지였지."

"아니, 그럼 이름이 생긴 게 얼마 안 된 거네요. 그럼 그전에는 개인의 이름이 없었습니까?"

"있었지. 양반이나 귀족은 있었지만 대부분의 사람들은 성이 없었다는 얘기야. 일본도 메이지유신 이후에 개인에게 이름을 부여했지. 아무튼 내가 말하고자 하는 요지는 현대는 개인의 시대이기 때문에 어떤 그늘에 숨을 수가 없다는 것이다. 옛날에야 어느 가문의 누구니까 개인이 직접 의견을 표명하지 않아도 가문의 이름으로 일이 처리되었지만 현대는 집안의 이름이나 회사 이름으로 해결되지 않는다는 것이지. 즉 책임의 주체가 단체나 가문과 같은 커다란 집단이 아닌 개인이라는 거야. 따라서…."

갑자기 멘토의 말을 끊고 현민이 끼어들었다.

"따라서 말하기가 필수인 시대가 되었다, 이런 말씀이죠?"

"눈치 한번 빠르구나. 개인의 이름으로 하는 시대라는 것은 여러 가지 예로도 알 수 있지. 개인 이름을 내건 빵집으로도 알 수 있고, 개인 이름을 내건 블로그의 유행으로 더 확실히 알 수 있지 않겠냐? 가문의 이름, 즉 성이 아니라 이름 석 자를 걸고 하는 것이지. 이런 시대가 바로 현대라고 할 수 있지."

"현대가 개인의 시대이고, 따라서 말하기가 필수라는 것도 어렴풋이 이해하겠는데요. 개인의 시대라면 사람마다 의견이 다른데 그것을 어떻게 조정합니까? 말로써 합니까?"

"좋은 질문이다. 네 말은 개인의 시대가 다양함의 시대이기도 하지만 상대주의의 시대라고도 할 수 있지 않느냐는 거지? 즉 어떤 것에 대한 견해나 의견은 개인에 따라 상대적인 것인데 어떻게 그것을 조정해서 사회를 꾸려 갈 수 있느냐, 뭐 이런 뜻 아니냐?"

"꿈보다 해몽이 좋습니다. 정말 그런 뜻도 있는 것 같습니다."

현민은 역시 멘토는 다르다고 생각하며 눈웃음을 지었다.

"그럼 여기서 그리스의 민주주의 시대에 활동했던 소피스트의 말을 한번 들어보자. 비슷한 취지니까."

투명한 스크린 위에 글자들이 나타났다. 제법 길어 보였는데 찬찬히 읽어보았다.

이런 공격에 대해 프로타고라스는 소크라테스의 입을 통해 적절한 차례를 따라 대답한다.(166d1-8)

나는 진리가 내가 쓴 바대로라고 주장하오. 우리 모두는 ~인 것들과 ~이지 않은 것들의 척도요. 그러나 한 사람에게 ~인 것, 그리고 그에게 나타나는 것이 다른 사람에게 ~인 것과 나타나는 것과는 다르다는 바로 이 점에 있어서, 한 사람과 다른 사람 사이의 세계의 모든 차이가 있는 거요.

—《소피스트 운동》, 조지 커퍼드 지음/김남두 옮김, 아카넷, 2003, 173쪽

읽어보았으나 무슨 말인지 정확히 알 수가 없었다. 옛날에 쓰여서 그런 것인가. 뭔가 낯선 구석이 있었다.

"무슨 말인지 정확히 모르겠는데요. 쉽게 설명하면 어떻게 됩니까?"

"쉽게 말하자면 상대주의지. 모든 것은 상대적이라는 거야. 내게 붉게 보이는 것이 다른 사람에게는 푸르게 보일 수도 있다는 것으로, 절대적 진리는 존재하지 않는다는 거지. 이런 양상은 현대와 흡사한 구석이 있지 않느냐, 어떠냐?"

"글쎄요. 예전에는 어땠어요?"

"예전에야 신이 존재했고 확실한 경전이 있었고 권위 있는 성직자들이 있었기에 모든 것을 해석하고 판단을 내려 주었지만 현대는 그런 시대가 아니지 않느냐. 각 개인이 판단하고 행동하는 시대가 된 거지."

"그렇다면 개인이 자신의 의견을 말할 수밖에 없다는 것인데요. 개인이 모든 판단의 기준이 된다면 합의에 이르는 과정은 어떻게 됩니까?"

멘토의 거침없는 설명이 이어졌다.

"본론으로 들어왔구나. 그래서 보통은 토론을 하지. 관계되는 여러 사람 혹은 많은 사람이 모여서 주제에 관해 토론을 하고 합의를 이루지 못하면 투표로 결정하는 것이 보통이지. 선거에서도 후보자 간의 토론이 있고 기자회견도 있는데 역시 말로 자신의 의견을 나타내지. 요즘은 '위원회 공화국'이란 말이 있는데 다른 말로 하면 권위주의를 탈피하고 토론에 의해 의사 결정을 하는 '토론 공화국'이라고 할 수 있지."

"아하, 생각이 납니다. '100분토론' '심야토론' 등 토론 프로그램이 정말 많군요. 모두 토론에 의해 의사 결정을 하는 예가 되겠네요."

"그렇지. 매우 많은 의사 결정이 토론을 통해 이루어지는 것이 요즘의 세태지. 지역 재개발을 해도 회의를 하고 아파트 관리도 회의를 통하지. 의회에서 하는 각종 인사청문회는 말할 것도 없고. 얼마나 회의가 많고 토론회가 많은가. 이게 현대의 특징이라고 할 수 있지."

"듣고 보니 정말 토론 시대인 것 같네요. 그런데 말하기를 통

해 의사 결정을 하는 것이 반드시 좋은 것인가요? 말발이 센 사람이 이기는 경우가 많은 것 같아서요."

"그런 경우가 많이 있지. 워낙 토론도 많고 회의도 많으니까 말짱이 뜨는 것 아니겠냐?"

"질문에 답을 안 하셨는데요. 말발 센 사람이 주도해서 좋지 않은 결과를 낳을 수도 있는데 막을 방법은 없나요?"

"막을 방법이라…. 그건 다음에 얘기하기로 하고 우선 말짱의 진정한 의미를 한번 따져 보자."

말짱은 변화를 만드는 사람이다

말짱이란 참된 의견이 아니라 더 나은 의견을 내는 사람이다.

멘토는 뒤돌아서더니 스크린을 내렸다. 조금 전에 나왔던 인용의 계속으로 보였다. 상단에 인용처가 또렷이 보였기 때문이다. 계속되는 인용문은 다음과 같았다.

아픈 사람에게 그의 음식은 쓰게 나타나며 쓰지만, 건강한 사람에게 그것은 그 반대이고 그렇게 나타난다. 두 조건들 모두 똑같이 참이지만, 두 번째 조건이 첫 번째보다 낫고, 의사는 이전에 쓰게 여겨졌고, 썼던 음식이 이제 달게 여겨지고 달도록 첫 번째 조건을 두 번째 조건으로 바꾼다. 의사들이 약을 가지고 하는 것을 교육에 있어서 소피스트는 말을 가지고 하며, 거짓된 의견을 참된 의견으로 대체하는 것이 아니라 더 나쁜 의견을 더 좋은 의견으로 대체한다. (…) 이는 단순히 개인에게만이 아니라 전체 공동체들에도 또한 적용된다. 소피스트의

교육적 역할은 공동체에도 아주 유용하고 이롭다.(167c4-7)
―《소피스트 운동》, 조지 커퍼드 지음/김남두 옮김, 아카넷, 2003, 173~4쪽

현민이 다 읽기를 기다리던 멘토가 물었다.
"무슨 말인지 알겠냐?"
"잘 모르겠는데요. 번역체도 익숙하지 않고 뭔가 어색한 것 같아요. 그래도 이상한 점 하나는 알겠습니다."
"다행이다. 그래, 뭐가 이상하냐?"
"소피스트가 말을 가지고 교육을 한다는 것은 좋은 뜻으로 들리는데 보통 소피스트는 돈벌이를 목적으로 하는 궤변론자들 아닙니까? 그런데 의사가 약으로 조건을 바꾸듯이 말로 뭔가를 좋게 바꾼다는 것이 이상합니다."
"그렇게 생각하는 것도 무리가 아니지. 하지만 소피스트 이후에 소크라테스, 플라톤, 아리스토텔레스로 이어지는 막강한 라인업이 서양 철학의 주도권을 잡음으로써 소피스트는 악역을 담당했던 것뿐이야. 사실은 상대주의를 주장했다는 점에서 현대의 승자는 소피스트라고 할 수 있지."
"본론에서 벗어나는 것 같은데요. 소피스트가 말하는 좋게 바꾼다는 의미가 무엇입니까?"
현민이 약간 퉁명스럽게 내뱉었다.
"아, 그렇군. 미안. 소피스트들은 근본적으로 객관적이고 절대적이며 인간과 무관한 진리란 없다고 본 거야. 따라서 이것만이 진리라든가 이것은 변하지 않는 진리라든가 하는 것을 인정하지

않았지. 그렇게 되면 어떻게 되겠냐?"

"인간에게서 진리를 찾아야 하는 것 아닌가요?"

"그렇지. 제법이구나. 따라서 진리란 인간에 의해 합의에 이른 것이라고 할 수 있고, 인간의 합의는 시대와 문화에 따라 다르고 변하기 때문에 당연히 합의는 변하겠지. 하지만 다른 방법이 없다는 거야."

"그럼 어떻게 해야 하나요?"

현민은 계속해서 질문을 해댔다.

"그래서 소피스트들은 절대적 진리를 찾는 것을 도와주는 것이 아니라 더 나쁜 의견을 더 좋은 의견으로 대체하는 것을 자신들의 임무로 여겼던 거지. 즉 거짓된 의견을 참된 의견으로 대체하려고 했던 게 아니라는 말이다."

"재밌습니다. 저는 의견은 참이냐 거짓이냐가 중요하다고 생각했는데 그런 기준은 무의미한 겁니까?"

"성미가 급하구나. 여기서 얘기하는 것은 사실 관계에 관한 진술이 아니라 주로 가치관에 관한 것이다. 예를 들어보자."

예를 들어보자. 나는 이런 게 좋아. 현민은 예를 들이 하는 실명이 좋았다. 아무리 어려운 개념이나 얘기도 예를 통해 이해하면 한결 쉬웠기 때문이다. 아, 예만 가지고 설명하면 안 될까.

"무슨 생각을 그리 하느냐. 예를 들면 '오늘은 매우 춥다.'라는 문장이 있다고 하자. 이 문장은 참이냐, 거짓이냐?"

"매우 춥다는 게 어느 정도인가에 따라 다르지 않을까요?"

"물론 그렇지만 추운지 안 추운지에 대해 사실 관계를 확정할 수는 있겠지. 섭씨 30도인데 이런 말을 한다면 누가 동의하겠냐. 이 경우 객관적인 기준을 세우면 문제는 해결된다. 철학적으로 따질 수 있지만 어쨌든 '내가 너에게 300만원을 부쳤다.'는 문장은 사실을 확인할 수 있잖아. 즉 참과 거짓의 문제라는 것이지. 하지만…."

"하지만 뭔데요?"

현민은 급한 마음에 멘토의 말꼬리를 자르고 끼어들었다.

"하지만 '우리 사회가 지금 발전하고 있는가?' 라는 질문을 해보자. 이는 사실 관계로 확정될 수 있는 문제가 아니라는 것을 금방 알 수 있지. 발전의 기준이 뭔지, 그리고 어떻게 확인할 수 있는지, 근본적으로 발전이란 것이 도대체 뭔지, 물질적 풍요인지 정신적 행복인지 아니면 사회 진보인지 등 질문은 계속되고 어느 것 하나 시원하게 해결될 것 같지 않아 보이지. 왜 그럴까?"

"글쎄요. 원래 어려운 문제잖아요. 추상적인 단어가 들어가면 다 어렵지 않나요? 진보라든가 보수라든가. 또 뭐가 있더라? 어쨌든 그런 단어들이요."

"물론 그렇긴 하지만 그건 근본적인 게 아니지. 근본적인 것은 가치에 관한 진술은 확정하기 어렵다는 거야. 앞의 예를 보자. '우리 사회가 발전하고 있는가?' 라는 질문은 결국 가치관에 관한 질문이거든."

가치관이라…. 가치관이라고 하면 답이 없겠구나 하는 생각이 들었다. 정리하면 이렇게 되겠네. 십계명과 같은 절대적 가치가 붕괴된 지금 모든 사람은 저마다 다른 가치관을 갖고 있다. 어떤 사람이 좋은 사람이라고 말하면 곧바로 그렇지 않다고 반대를 할 수도 있고…. 의견이 다른 사람을 설득하는 일은 정말 쉽지 않은 일이다. 이런 일은 서로의 가치관이 다르기 때문에 생기는 것이다.

"꽤 골똘히 생각하는구나. 가치관에 대해 생각했느냐?"

"예. 가치관을 일치시키기는 어렵겠다는 생각을 했습니다."

"그렇지. 왜냐하면 가치관이란 평가의 문제인데, 평가는 어렵게 말하자면 한 개인의 인식 체계 전체와 연관이 있기도 할 뿐만 아니라 사실에 기반을 두지 않기 때문이야. 쉽게 말해서 평가를 확정할 방법은 사실상 없다는 것이지. 예를 들어 백남준의 비디오 예술 작품에 대한 평가는 극에서 극을 달릴 수 있지 않겠냐? 어디까지나 평가의 문제니까."

"네, 그렇겠죠. 결국 사실과 가치, 두 가지로 진술을 나눌 수 있겠네요."

"그럴 수도 있지."

"그럼 가치관이 다른 사람들이 어떻게 합의에 이를 수 있습니까?"

"요즘 하는 그대로지 뭐. 모여서 회의하고 토론하고 공청회 열고 또 회의하고 그래서 합의가 안 되면 다수결로 결정하고. 사정이 이러하니 말짱이 뜨는 것이지. 모여서 회의할 때 말을 잘하면 회의 분위기를 확 바꿀 수 있거든. 텔레비전 토론을 봐도 그렇지 않느냐. 말 잘하는 사람이 전체 토론을 휘어잡고 주도하여 자신이 원하는 방향으로 토론을 이끌고 갈 수 있지. 즉 말짱은 회의나 토론의 분위기를 바꾸는 사람이라고 할 수 있다."

"잠깐만요. 그런데요, 말짱이 말을 잘해서 분위기를 바꾸는 것까지는 좋은데 좋지 않은 방향으로 이끌고 가면 선동이나 심하면 사기가 되지 않을까요?"

"실제로 그렇게 되는 일이 심심찮게 있지. 선전선동술이라고나 할까. 이때 다시 한 번 소피스트의 주장을 생각해 보자."

말을 마치자 스크린이 내려왔고 예의 인용문이 실려 있었다.

오늘날 많은 사람들에게 가치들에 대한 견해는 자연계에 대한 견해처럼 객관적 사실의 문제가 아니다. (수정된 형태로의) 프로타고라스의 교설은 가치들의 문제에 대한 판단들을, 그것들 자체의 진위가 아니라 그것들의 사회적 중요성의 기준에 비추어 비교하는 방식을 제시한다.

—《소피스트 운동》, 조지 커퍼드 지음/김남두 옮김, 아카넷, 2003, 175쪽

"자, 보자. 말짱이란 참된 의견을 말하는 사람이라기보다는 더 나은 의견을 제시함으로써 사회라는 공동체의 유용함을 증대시키는 사람이라고 할 수 있지. 참된 의견이 아니라 더 좋은 의견을 낸다는 점에 주목해야 한다."

"왜요? 참된 의견이 더 좋지 않나요?"

이해할 수 없다는 듯한 표정을 지으며 현민이 물었다.

"허허, 아직 못 알아들었구나. 가치에 대한 것은 참되거나 거

짓인 견해가 없다니까. 사실에 관한 언급이면 몰라도. 따라서 사회적으로 더 도움이 되는 유용한 의견, 즉 더 좋은 의견을 내는 것을 목표로 해야 한다는 거야. 이것이 소피스트의 생각이고 또한 현대의 실상이기도 하지."

"한 가지 질문이 있습니다."

"뭔데?"

"그럼 말짱이 소피스트입니까?"

"캬~. 너다운 질문이구나. 이렇게 말해 보자. 현대가 지금까지 말한 것처럼 거대한 소피스트의 시대임이 분명하고, 그런 시대이기 때문에 말 잘하는 말짱이 뜨는 시대이긴 하지만 말짱은 자신을 소피스트라고 생각하지는 않을 거야. 그렇다기보다는 자신의 견해가 다른 사람들 것보다는 더 낫다고 생각하겠지. 절대 진리는 아니지만. 이런 면으로 보면 말짱이 소피스트의 입장을 어느 정도 나타낸다고 할 수 있지. 답이 됐냐?"

"조금 복잡하지만 알긴 알겠습니다."

01 이것만은 꼭!

상대주의의 시대, 말짱이 뜬다!

전세계적으로 말 잘하기 열풍이 불고 있다. 그 이유는 뭘까? 현대가 소피스트 시대며 개인의 시대이기 때문이다. 개인의 시대는 다양함의 시대이며 상대주의의 시대라고도 할 수 있다. 즉 어떤 것에 대한 견해나 의견은 개인에 따라 다를 수 있다는 얘기다.

고대 소피스트들은 근본적으로 객관적이고 절대적이며 인간과 무관한 진리란 없다고 봤다. 따라서 이것만이 진리라든가 이것은 변하지 않는 진리라든가 하는 것을 인정하지 않았다. 그들은 진리란 인간에 의해 합의에 이른 것이고, 인간의 합의는 시대와 문화에 따라 다르고 변하기 때문에 당연히 진리도 변한다고 생각했다. 그래서 소피스트들은 절대적 진리를 찾는 것을 도와주는 역할을 자임한 것이 아니라 더 나쁜 의견을 더 좋은 의견으로 대체하는 것을 자신들의 임무로 여겼다.

현대 사회도 이와 다르지 않다. 어떤 것에 대한 절대 진리가 존재하지 않고 저마다의 의견을 주장한다. 결국 가치관이 다른 사람들은 회의나 토론 등을 통해 합의에 이르고, 그렇지 못할 경우 다수결로 결정하게 되는데 이 때문에 말짱이 뜨는 것이다. 말을 잘하면 회의나 토론의 분위기를 확 휘어잡을 수 있기 때문이다.

말짱은 회의나 토론의 분위기를 바꾸는 사람이며, 참된 의견을 말하는 사람이라기보다는 더 나은 의견을 제시함으로써 사회라는 공동체의 유익을 증대시키는 사람이라고 할 수 있다.

02

말하기는 퍼포먼스다!

글쓰기 vs 말하기

말하기는 퍼포먼스다

'이렇게' 말하느냐가 중요하다

레이건과 한석규를 보라

청중의 역할도 중요하다

말하기는 말하는 사람과 듣는 사람의 공동 퍼포먼스라는 것이지. 어느 쪽도 우위를 차지하지 않고 서로가 서로에게 반응을 주고받는 관계라는 거야.

글쓰기 vs 말하기

말은 대면성과 동시성이 있는 반면 글은 그렇지 않다.

막간을 이용해 자세를 가다듬은 멘토가 다시금 말문을 열었다.

"지금까지 왜 말하기의 시대인가에 대해 알아봤다. 이제부터는 말하기란 도대체 어떤 것인가를 이야기해 보자."

"좀 철학적으로 들리는데요."

"철학적이라…. 그렇다고 봐야지. 왜냐? 어떻게 하면 말하기를 잘할 수 있느냐는 벌써 지나칠 정도로 시중에 책이 많이 나와 있거든. 즉 매뉴얼이 이미 쌓여 있다는 거지. 그러니 매뉴얼 한 권 더 보태 봐야 무슨 의미가 있겠느냐. 그러니 보다 근본적인 문제를 파고드는 거지."

그래도 난 어떻게 하면 말을 잘할 수 있는지 실제적인 얘기를 듣고 싶은데…. 과연 멘토의 말대로 근본적인 문제를 파고들면 실제로 말을 잘하게 되는 걸까? 불현듯 이런 생각이 들었다. 궁급한 걸 못 참는 현민은 곧바로 질문을 던졌다.

"그렇다면 철학 강의가 돼서 들어도 실제로는 별로 도움이 안 되는 것 아닙니까?"

"걱정도 팔자다. 무슨 걱정이 그렇게 많나. 근본을 알면 지엽적인 문제는 저절로 해결되니 걱정하지 않아도 된다. 그리고 나중에 실제적인 지침도 얘기해 줄 터이니 걱정하지 마라."

"알겠습니다. 그럼 믿고 한번 끝까지 들어보지요."

"우선 말과 글이 어떻게 다른가부터 짚고 넘어가자. 전에 말한 적이 있는데 기억하고 있는지 모르겠구나."

"글은 논리적인 데 반해 말은 감성적이라고 했던 것 같은데요."

"그래 기억하고 있구나. 좀 더 자세하게 말하자면 글은 논리의 세계인 데 반해 말은 논리를 비롯하여 감정, 몸짓, 소리, 옷차림, 머리 모양 등이 결합된 복합체라고 할 수 있지. 글이야 활자 외에는 전달 수단이 없지 않느냐. 게다가 글은 감정의 오류를 허용하지 않는 논리의 세계이지. 모순은 허용되지 않고, 중언부언 또한 지적을 받게 마련이다. 하지만 말하기는 이와는 전혀 달라. 짐작이 가냐?"

멘토가 자신의 말에 귀를 기울이고 있는 현민을 향해 물었다.

"말씀을 듣고 보니 어느 정도는 짐작이 갑니다. 말하기는 소리를 동원할 수도 있고 몸짓도 쓸 수 있으며 말하는 사람의 차림새로 메시지를 전달할 수도 있다는 것 아닙니까. 그 정도는 알겠습니다."

"좋아. 잘 이해했구나. 그런데 글과 말이 다른 점이 하나 더 있다. 그것이 무엇인지 알겠느냐?"

"또 있다고요?"

"그래. 사실은 여러 가지가 더 있지. 생각을 해 봐라."

생각하는 게 제일 싫은데 생각을 하라고 하시네. 할 수 없지. 생각을 짜내 보자. 한참을 생각한 후에 현민이 말했다.

"이런 게 있는 것 같습니다. 글은 저자의 얼굴을 직접 볼 수 없는 데 반해 말은 보통 말하는 사람을 직접 볼 수 있습니다. 또 말하는 사람과 듣는 사람이 동시에 말을 주고받는 데 반해 글은 저자가 쓴 후 시간이 지난 다음에 읽게 된다는 것입니다."

"제법이구나. 지금 네가 한 말을 좀 어려운 말로 바꾸면 이렇게 되겠지. 말은 대면성이 있는 반면 글은 없고, 말은 동시성이 있는 반면 글은 그렇지 않다는 것이다."

"멋지네요. 그렇게 멋진 단어로 정리하니 내용이 있어 보여요. 저도 그렇게 유식해 보이게 말할 수 있는 방법 좀 알려주시면 안 될까요?"

현민이 얼굴에 미소를 가득 띠고 얘기했다.

"장난 그만하고. 또 다른 점은 없느냐?"

"또요?"

말하기는 퍼포먼스다

말하기는 화자와 청중이 서로 반응을 주고받는 공동 퍼포먼스다.

자꾸 물어보니 어쩔 수 없이 생각하는 척이라도 해야겠는데 이번에는 정말 생각이 나지 않았다. 이런 때는 솔직하게 대답할 수밖에.

"이제는 생각나는 것이 없는데요."

"그래? 그럼 이런 것은 어떨까. 책은 읽다가 읽기 싫으면 언제든 그만 둘 수 있거든. 하지만 말은 좀 다르지. 상대방이 말을 하고 있는데 듣기 싫다고 해서 자기 마음대로 그만 하라고 할 수는 없어. 즉 글을 읽는다는 것은 자신의 생각을 언제나 개입시킬 수 있다는 거야. 자신이 판단해서 아니다 싶으면 중단할 수 있다는 얘기지. 하지만 말하기는 달라. 생각을 그때그때 할 수는 있을지 몰라도 상대가 있는 행위이기 때문에 일방적인 중지는 예의에 어긋나는 일이지. 그렇지 않느냐?"

"듣고 보니 그런 것 같네요. 그런데 무슨 말씀을 하시려는 겁니까?"

"눈치 챘구나. 내가 하고픈 말은 말하기는 글과는 달리 현장성이 강한 일종의 퍼포먼스라고 할 수 있다는 것이다."

"좀 구체적으로 설명해 주세요."

이해하기 힘들다는 표정을 지으며 현민이 요구했다.

"알았다. 우선 퍼포먼스에 대한 개념부터 정리해 보자. 퍼포먼스라는 것은 행위 예술을 말하는 것으로 주로 미술에서 쓰이는 용어지. 개념이나 관념보다는 육체를 도구로 삼는 것이 특징이라고 할 수 있어. 그리고 말하기는 청중과 함께 하는 퍼포먼스지. 무슨 말인가 하면 글이 1차원적이라면 말하기는 3차원에다 소리까지 입혔다고나 할까. 즉 글쓰기가 개념이라면 그 개념을 표현하는 수단은 목소리를 포함한 육체 전체라는 것이지. 이런 차이를 분명히 아는 것이 말하기가 무엇인지를 아는 데 도움이 될 것이다."

멘토의 설명을 들으면서 현민은 고개를 끄덕이며 속으로 오호, 그런 거로구나 생각했다.

"이제 좀 이해가 가는 것 같네요. 그런데 청중과 함께 한다는 것은 무슨 말인가요? 단순하게 들리는데요. 청중이 없으면 말하기는 독백으로 끝나니까 청중을 의식하면서 말을 해야 한다는 것 아닙니까?"

"물론 그런 말이지. 하지만 좀 더 깊은 뜻도 있어. 말하기에서 누가 주도권을 잡고 있는 것 같으냐? 말하는 사람일까, 아니면 듣는 사람일까?"

"글쎄요. 아무래도 말하는 사람이 주도권을 잡고 있는 거 아닌가요. 발표를 듣기 위해서 모인 것이니까 말하는 사람이 퍼포먼스의 주도권을 잡고 있는 것 같은데요."

"과연 그럴까? 만약 말하는 사람이 주도권을 잡고 있다면 왜 말하는 사람이 발표에 앞서 청중이 재미없어 할까 봐 긴장하고 걱정을 할까? 주도권을 잡고 있다면 자신의 의지대로 할 수 있어야 하는데 왜 청중의 반응을 끊임없이 확인하는 것일까?"

멘토가 현민의 의견을 반박하고 나섰다.

"그렇다고 해도 청중이 주도권을 잡고 있는 것은 아니잖습니까. 청중은 수동적인 입장이고 발표나 발표자에 반응을 보이는 것뿐이니까요. 따라서 청중이 주도권을 잡고 있다고 할 수는 없지요."

"맞는 말이다. 그렇다면 어느 쪽도 주도권을 잡고 있는 것은 아니라고 할 수 있겠구나."

"그러네요."

현민이 시큰둥하게 대답했다.

"그래서 하고픈 말은 이거다. 말하기는 말하는 사람과 듣는 사람의 공동 퍼포먼스라는 것이지. 어느 쪽도 우위를 차지하지 않고 서로가 서로에게 반응을 주고받는 관계라는 거야. 즉 말하기가 잘 되려면 청중도 역할을 해 줘야 한다는 말이다. 하지만 이런 단순한 사실이 간과되고 있지. 즉 듣는 사람이 무엇을 해야 하는가에 대해서는 별로 논의하지 않는다는 거야. 주로 말하는 사람이 어떻게 하면 성공할 수 있느냐를 알려주면서 사실은 청중을 다루는 법을 장황하게 충고하는 것이 일반적이라는 얘기다."

"그럼 청중을 잘 다루는 법을 알면 말짱이 될 수 있다는 건가요? 그 방법을 속성으로 가르쳐 주시면 안 될까요?"

"성격도 급하기는…. 그게 다면 내가 어떻게 여기서 멘토를 하고 있겠냐? 이제 말하기의 속성을 알았으니 그 방법에 대해서 하나씩 알아보기로 하자. 아무래도 실제적인 매뉴얼을 보고 얘기하는 게 좋을 것 같아 준비했다."

실제적인 매뉴얼이라…. 좋지! 나는 실제적인 것이 좋더라. 현민은 속으로 이런 생각을 했다.

'어떻게' 말하느냐가 중요하다

말하기는 내용 못지않게 표현력도 중요하다.

멘토의 말이 끝나자 스크린이 내려왔다. 가장 먼저 눈에 띈 것은 '커뮤니케이션을 성공으로 이끄는 12가지 원칙'이라는 제목이었다.

커뮤니케이션을 성공으로 이끄는 12가지 원칙

성공적으로 말하고, 청중이 당신의 말을 수용하고 동조할 수 있게 만들기 위해서는 다음의 열두 가지 원칙을 명심하고 있어야 한다.

1. 다르게 그리고 일찍부터 준비한다.
2. 표현법을 익힌다.
3. 공감노력과 카리스마라는 두 가지 핵심적인 요소를 활용한다.
4. 청중의 기대, 의견, 동기, 참석이유를 고려한다.
5. 청중이 적극적으로 참여하게 만든다.

6. 성공을 보장하며 시작하는 것이 중요하다.

7. 흥미로운 맺음말을 선택한다.

8. 기술적인 문제를 점검한다. 특히 청중의 규모가 클수록 더욱 그렇다.

9. 무대공포증을 통제한다.

10. 행사연설, 정보연설, 목적연설 등 세 가지 연설의 종류를 구분한다.

11. 토론을 통제한다. 어려운 질문이나 공격에 대응한다.

12. 동기를 부여한다.

—《말하기의 정석》, 하인츠 골트만 지음/윤진희 옮김, 리더북스, 2006, 16쪽

"다 읽어보았느냐?"

"예. 다 좋은 얘기네요. 이 책만 읽어보면 되겠어요. 선생님 강의 더 이상 듣지 않고요."

장난기가 발동한 현민이 태연하게 말했다. 이에 질세라 멘토는 다음과 같이 응수했다.

"진심이냐? 진심이면 좋지. 나도 강의 안 하고 쉬면 좋거든."

"농담도 못 하겠습니다. 죄송합니다. 계속 하시지요."

현민이 멋쩍은 표정을 지으며 얘기했다.

"그래. 계속해 보자. 말하기가 퍼포먼스라면 내용보다는 표현력이 중요하다고 하지 않았느냐. 위의 책에 표현법을 익히자는 원칙이 있으니 이것을 좀 더 들여다보자꾸나."

"예. 어떤 건가요?"

"표현법에 대해 위의 책의 저자는 몇 가지 흥미로운 것을 말하고 있지. 나도 이 견해에 동의하는 바야. 그래서 몇 가지를 같이

따라가 보자. 우선 저자는 청중이 이성보다는 감성에 의존한다고 말하고 있어."

멘토의 말이 끝나자 스크린 위로 인용문이 보였다.

이성보다 감성이 중요하다. 청중이 이성보다 감성이 중요하다는 것을 인정하지 않거나 전혀 인식하지 못한다고 해도 이것은 엄연한 사실이다. 우리가 상대에게 남기는 인상은 목소리, 제스처, 시선 교류 등의 표현 방식에 의해 최고 80%까지 결정된다. 발표의 내용이 차지하는 비중은 20%를 넘지 못한다.
—《말하기의 정석》, 하인츠 골트만 지음/윤진희 옮김, 리더북스, 2006, 49쪽

"흥미롭지 않느냐? 청중이 이성보다 감성에 좌우된다는 것이. 발표의 내용이 차지하는 비중이 기껏해야 20%라니. 이 말이 사실이라면 발표의 내용보다는 표현력 증진에 힘써야 될 것 같은데, 네 생각은 어떠냐?"

"재밌긴 한데 좀 지나친 것 아닌가요. 발표에서 내용이 차지하는 비중이 그래도 50%는 될 것 같은데요. 내용이 있어야 청중이 넘어가지 않나요? 위의 책의 내용이 사실인 것 같지만 왠지 저는 제스처는 이렇게 취하라, 이런 식으로 말하면 성공한다는 식의 책은 싫습니다. 어쩐지 가식적이고 속이는 것 같아서요."

스크린의 인용문을 읽으면서 의구심을 떨쳐 버릴 수 없었던 현민이 노골적으로 불만을 표시했다.

"그래? 내용이 우선이다 이런 말이구나. 그럼 같은 내용이라

면 전달하는 데 더 좋은 방법을 택하는 것은 어떻겠느냐?"

"그러니까 내용은 동일한데 표현 방법에서 더 나은 것을 택하자, 이런 말씀인가요?"

"그렇지. 예를 들어보자. 중·고등학교 때 보면 같은 내용이라도 아주 재미있고 귀에 쏙쏙 들어오게 가르치는 선생님이 있는가 하면 언제 들어도 자장가처럼 들리게 가르치는 선생님이 있지. 두 선생님이 다른 내용을 가르친 게 아니거든. 같은 내용을 가르쳤지만 가르치는 방법이 달랐을 뿐이지. 말하기도 마찬가지라고 할 수 있어. 우리가 생각하는 것 이상으로 내용보다는 표현력이 청중을 사로잡는 데 훨씬 큰 비중을 차지한다는 거지. 이 점은 매우 중요해. 왜냐하면 말하기의 본질 중 하나를 알려주기 때문이지. 우리는 흔히 글을 써서 그것을 소리 내어 읽으면 말하기가 된다고 여기는 경향이 있는데 절대 아니야. 글이라고 칭하는 내용이란 실제 말하기에서 차지하는 비중이 현저히 낮다는 걸 명심해야 한다."

"결국 말하기란 표현력이 중시되는 퍼포먼스라는 말씀이시지요?"

"그렇지. 말하기의 80%가 표현력이라면 그렇다고 봐야 하지 않을까?"

"좀 더 확실한 예를 들어 주시면 더 좋은데…."

"예라…. 네가 좋아하는 거지. 좋아. 어떤 예가 있을까?"

잠시 생각하는 듯하더니 멘토는 곧바로 예를 들었다.

레이건과 한석규를 보라

내용과 목소리나 제스처 등 표현력의 비율은 50:50이다.

"전에 미국 대통령이었던 레이건을 아느냐?"

"예. 기억합니다. 무슨 병에 걸려 사망했죠. 영화배우 출신이고 잘 생겼죠."

"맞아. 한 이류 배우 정도였던 모양이고 캘리포니아 주지사를 거쳐 미국 대통령을 8년이나 한 사람인데 별로 아는 것은 없었다고 해. 회의 중에 땅콩 까먹는 게 주로 하는 일이었다고 하니까. 그런데 그에겐 특출난 재주가 있었다는 거야."

"아, 말하기 재주가 있었다는 거군요."

현민이 멘토의 말이 끝나기가 무섭게 잽싸게 끼어들었다.

"그렇지. 일종의 말하기 재주인데 텔레비전이나 라디오 연설문을 아주 잘 읽었다는구나. 귀에 잘 들어올 뿐 아니라 신뢰감을 주고 편안함마저 느끼게 해 줬다는 거지. 내용보다는 음색이나 목소리의 톤이 사람들을 사로잡은 것이고, 이것이 레이건이 정치 생명을 유지하는 데 크나큰 보탬이 됐다는 것을 부인하기 어렵지."

"흠, 표현력이 내용을 앞선 예군요. 물론 내용도 좋았겠죠?"

"그렇겠지. 내용이야 참모들이 써 주는 거니까. 우리나라에서는 한석규가 목소리가 제일 호감 가는 연예인이라는 조사결과가 있었어. 한석규는 본래 성우였지. 한석규의 연기보다는 목소리가 사람들의 감성에 잘 맞는다는 거야. 그래서 목소리 하나만으로도 표현을 충분히 한다는 거지."

"그럴 것 같기도 하지만…."

현민은 말끝을 흐렸다. 과연 말하기에 있어 내용보다 목소리 등 형식이 중요하다는 게 사실일까? 몇 가지 예를 들어줬지만 그건 특별한 케이스에 해당되는 게 아닐까? 등등 이런저런 생각이 꼬리에 꼬리를 물었기 때문이다.

"아직 믿지 못하겠다는 말투로구나. 그럼 좋다. 예를 하나 더 들어주지. 지난번 대통령 선거에서 노무현 후보가 승리하였는데 이회창 후보에 비해 감성에 호소하는 전략이 잘 먹혔던 것이 좋은 예지. 기타를 치고 노래도 하고 직설적 화법으로 자신의 감정을 숨김없이 드러냈거든. 유권자들은 꼼꼼하게 공약을 읽어보는 것이 아니라 텔레비전 토론을 보면서 감성적으로 판단을 한다고 해야겠지."

"정말로 그럴까요?"

"이건 비단 우리나라만의 얘기가 아니야. 60년대부터 대선 후

보들의 TV 토론이 시작된 미국의 경우 이런 예를 아주 쉽게 찾을 수 있지. 무명의 젊은 상원 의원이었던 케네디가 부통령을 지낸 닉슨을 맞아 승리할 수 있었던 것은 TV 토론에서 보여 줬던 그의 패기 있고 여유 있는 모습 때문이었다는 얘기가 있어. 이래도 믿을 수 없다면 이번에는 보다 과학적인 자료를 하나 보여 주마."

멘토의 말이 끝나자마자 스크린 위로 인용문이 떠올랐다.

> 1950년대 보디랭귀지 연구의 선두주자인 알버트 메라리언은 인간이 의사소통을 하는 데 입으로 하는 말이 차지하는 부분은 7퍼센트 정도에 불과하고 목소리의 높이, 음색, 억양 등 음성이 38퍼센트 그리고 비언어적 신호가 55퍼센트를 차지한다는 사실을 밝혀냈다. 일반적으로 사업을 목적으로 한 만남에서 보디랭귀지는 협상 테이블에 미치는 영향력의 60~80퍼센트를 차지하며, 사람은 처음 만나는 상대의 첫인상을 4분 안에 60~80퍼센트를 판단한다고 한다.
> —《말하기의 정석》, 하인츠 골트만 지음/윤진희 옮김, 리더북스, 2006, 61쪽

"물론 조금 오래된 연구 수치라서 지금과는 다를 수 있지만 취지는 충분히 전달됐을 거라고 생각한다. 그런가?"

"무슨 말인지는 알겠습니다. 그런데 이런 경우는 어떻게 됩니까?"

"어떤 경우?"

"북핵을 다루기 위한 6자 회담이 잘 되지 않는 것은 사실 아닙니까? 그렇다면 비언어적 신호에 문제가 있어 그런 것입니까?

말이 차지하는 비중이 7%에 지나지 않고 내용이 차지하는 비중도 20%밖에 되지 않는다고 한다면 말이죠."

"음, 반론을 제기하는 거구나."

현민은 인용된 자료를 통해 멘토가 무슨 말을 하려는 것인지는 알겠지만 여전히 의구심을 떨쳐 버릴 수 없었다. 그래서인지 자기도 모르게 흥분해 목소리가 점점 커졌다.

"그렇다고 할 수 있지요. 반대가 되는 사례는 많지 않습니까? 여야가 거의 매번 대립하고 합의에 이르지 못하는 것은 비언어적 신호 때문이 아니라 근본적인 입장의 차이, 즉 말의 내용이 합의할 수 없을 정도로 다르기 때문 아닙니까?"

"호오! 예상하지 못한 반론이구나. 나는 단지 말하기에서 내용보다 표현력이 더 큰 영향을 미친다는 것을 말하고 싶었을 뿐인데…. 어쨌든 답을 해야겠구나."

"제가 난처한 질문을 했나요?"

"그런 것은 아니고 본질적인 것을 예고도 없이 물었다고나 할까."

"아, 그렇습니까. 그럼 다시 묻겠습니다. 표현력이 아주 좋은데도 협상이 잘 되지 않는 것은 왜일까요?"

"양보할 수 없는 입장의 차이 때문이겠지. 진보주의자와 보수주의자의 토론이 항상 평행선을 달리는 것도 기본적인 입장을 바꾸기 어려워서가 아니겠느냐. 이런 경우라면 표현력이 아무리 좋아도, 아무리 옷을 잘 입고 나오고 알맞은 제스처를 취해도 소용이 없겠지. 마치 마음이 멀어진 남녀가 마지막으로 만날 때와 같겠지. 아무리 멋있고 예쁘게 차려입고 나와도, 무슨 말을 해도 멀어진 마음을 잡을 수는 없지 않겠냐."

"그럼요. 그렇다면 표현력이 중요하다는 식의 책은 틀린 건가요?"

"극단적으로 사네. 그렇다는 말이 아니고 단지 말하기에서 표현력이 중요하다는 정도로 받아들이면 된다."

"예."

"그럼 레이건이나 한석규의 예는 무엇입니까?"

"그건 단순해. 말하기에서 표현력이 내용과 거의 대등하게 중요하다는 것을 보여주는 사례라고 할 수 있다. 이 점을 꼭 기억하길 바란다. 표현력과 내용은 50대 50이라는 것을."

"네, 알겠습니다!"

현민이 힘차게 대답했다.

"그럼 이제 본격적으로 어떻게 표현해야 진정한 말짱이 될 수 있는지 얘기해 주마."

02 이것만은 꼭!

표현력도 내용만큼 중요하다!

글은 논리의 세계인 데 반해 말은 논리를 비롯하여 감정, 몸짓, 소리, 옷차림, 머리 모양 등이 결합된 복합체라고 할 수 있다. 말은 대면성이 있는 반면 글은 없고, 말은 동시성이 있는 반면 글은 그렇지 않다.

말하기는 현장성이 강한, 말하는 사람과 듣는 사람의 공동 퍼포먼스라고 할 수 있다. 어느 쪽도 우위를 차지하지 않고 서로가 서로에게 반응을 주고받는 관계다. 즉 말하기가 잘 되려면 청중도 역할을 해 줘야 한다는 얘기다.

말하기에 있어 반드시 염두에 두어야 할 것은 내용과 표현력이 거의 대등하게 중요하다는 점이다. 말하는 내용도 중요하지만 그에 못지않게 목소리 등 형식(표현력)도 우리가 생각하는 것 이상으로 큰 비중을 차지한다는 것이다. 또한 흔히 글을 써서 그것을 소리 내어 읽으면 말하기가 된다고 여기는 경향이 있는데 이는 절대 금물이다.

03

말하기, 이렇게 해라!

목소리에 색깔을 입혀라
논제를 회피하지 마라
간단명료하고 짧게 말하라
유머를 잊지 마라

 핵 심 을   간 단 하 고   명 료 하 게

우선 핵심을 놓치면 안 된다. 즉 내용의 문제야. 앞서 말한 것처럼 논제를 회피하지 않으면서 핵심을 찌른다면 명료하다는 인상을 줄 수 있겠지. 하지만 표현 방법도 중요해. 우리가 지금 다루고 있는 단순하게 말하기, 짧게 말하기가 명료한 인상을 줄 수 있는 방법이지.

목소리에 색깔을 입혀라

큰 소리로 말하고, 내용에 따라 완급을 조절하는 등 리듬을 타라.

 어서 빨리 말짱이 되고 싶은 마음에 잔뜩 기대하고 있는 현민에게 멘토가 입을 열었다.
 "가장 먼저 얘기하고 싶은 것은 목소리에 색깔을 입히라는 것이다."
 "아니, 목소리가 무슨 도화지도 아니고 색을 칠하다니요?"
 "지금 그걸 유머라고 하는 거냐?"
 "히히. 재미없었나요?"
 현민이 쑥스러운 듯 히죽거리며 대답했다.
 "유머에 대해서는 나중에 알려줄 테니 그때 자세하게 얘기하고, 우선 목소리에 대해서 알아보자."
 "잠깐만요. 목소리는 타고나는 거 아닌가요?"
 멘토의 설명을 듣던 현민은 갑자기 생각이 났는지 중간에 끼어들어 물었다.

"물론 누구나 저마다 독특한 목소리의 톤을 가지고 있지. 하지만 좋은 목소리를 타고나지 못했더라도 약간의 연습을 통해서 어느 정도의 톤을 바꿀 수는 있지. 그리고 그것보다 더 중요한 것은 말의 빠르기나 크기, 억양, 발음, 호흡 조절 등도 자신의 의견을 전달하는 데 아주 중요한 역할을 한다는 것이다."

"그 말은 맞는 거 같아요. 얼마 전에 강의를 하나 들었는데 강사가 감기에 걸렸는지 목소리도 이상하고 호흡 조절도 제대로 안 돼서 엉뚱한 곳에서 쉬었다 다시 말하곤 하니까 내용에 집중도 안 되고 우습기까지 하더라고요."

"그래. 아마 그런 경험은 누구나 하나쯤 가지고 있을 거다. 진정한 명강사들은 내용도 훌륭하지만 연습을 통해 발음이나 끊어 읽는 부분에도 신경을 써서 상대방이 자신의 생각을 쉽게 이해할 수 있도록 하는 거야. 하지만 발음이나 호흡법보다 더 중요한 게 있지. 그게 뭔가 하면 말이다…."

| 큰 소리로 말하라 |

"바로 자신감이다. 상대방에게 자신감을 표현하기 위해서는 우선 목소리에 자신감이 있어야겠지."

이번에는 대답할 수 있었는데 멘토는 기회를 주지 않고 자기가 먼저 대답을 해 버렸다. 꼭 아는 건 물어보지 않고 모르는 것

만 물어본단 말이야. 어쩔 수 없지. 선수를 뺏겼으니 조금 늦었지만 뒷북이라도 칠 수밖에.

"결국 큰 소리로 말하라는 말씀이지요?"

"그렇지. 목소리를 높이라는 것이다. 보통 말할 때 사람들은 자신의 목소리가 작다고 생각하지는 않아. 왜냐하면 자신이 하고자 하는 말은 이미 자신이 알고 있기 때문에 자신에게는 너무나 분명한 거야. 따라서 목소리도 커지지 않는 거야. 즉 말하는 목적은 자신의 의견을 남에게 전달하는 것인데 자신은 이미 알고 있기에 목소리에는 별로 신경을 쓰지 않는다는 거야."

"그러니까 선생님 말씀은 자신의 의견을 전달하기 위해서는 목소리를 크게 해야만 한다, 이런 말씀인가요?"

"그렇지. 크게 말하라는 것이지."

"옛날에는 마이크가 발달하지 않았으니까 웅변을 위해서는 배에 힘을 주고 크게 말하는 것이 필요했겠지만 요즘처럼 마이크가 고도로 향상된 시대에 큰 소리로 말하라는 것은 어쩐지 싸구려 냄새가 납니다."

"캬, 싸구려 냄새라? 내가 그렇게 시대에 뒤졌다는 것이냐?"

"뭐, 딱히 그렇다는 것은 아니고요."

"하지만 그 정도는 나도 알고 있다. 걱정하지 마라. 마이크 소리가 크면 기계 담당자가 다 알아서 소리 낮춰 준다. 그러니 마음껏 크게 말해도 된다."

이 말을 듣는 순간 그렇다면 굳이 목소리를 크게 할 필요가 없겠다는 생각이 들었다. 현민은 곧바로 질문했다.

"그렇다면 소리를 작게 해도 기계 담당자가 소리를 키워 주면 되지 않습니까? 목소리 크기에 신경 쓰지 않아도 될 것 같은데요."

"모르는 소리! 큰 소리를 줄이는 것과 작은 소리를 키우는 것은 얼핏 같아 보이지만 사실은 큰 차이가 있지. 목소리의 색깔이 다른 거야. 다시 말해서 목소리의 힘이 다르다는 것이지. 음반을 예로 들어보자. 가창력이 있는 가수의 노래는 소리를 작게 해도 힘이 느껴지지. 뭔가 살아 있다는 느낌이 든다는 거야. 하지만 가창력 없는 가수의 노래를 기계로 만든 것을 들으면 싫증이 난다는 거지. 다 갖춘 것 같지만 힘이 없거든. 윤기가 없는 거야. 이런 의미에서 큰 소리로 말하라는 것이지."

"소리가 크면 전달하는 데 힘이 있다, 따라서 듣는 사람의 마음을 더 잘 움직이게 할 수 있다, 뭐 그런 겁니까?"

"그렇다고 할 수 있지. 그것 말고도 큰 소리로 말하면 좋은 점이 또 있어. 뭐냐 하면 자신감을 준다는 거야. 큰 소리로 말하면 자기도 모르게 자신의 말에 확신이 들고 자신감이 생기기 때문에 말하기를 효과적으로 할 수 있지. 자신감을 갖는다는 것은 말하기에서 굉장히 중요하거든."

"자신감이 있으면 청중이 더 쉽게 설득된다는 말씀인가요?"

"그렇지. 자신감 없이 쭈뼛쭈뼛하는 발표자를 누가 신뢰하겠어. 뭔가 발표 준비가 부족하다거나 거짓말을 하려고 한다거나 남의 얘기를 전하는 것처럼 보이기 십상이지. 따라서 자신감을 보이는 것은 말하기의 기본인데 그러려면 우선 큰 소리로 말해야 한다는 거야."

"말씀을 듣고 보니 생각나는 게 있습니다."

"뭐냐?"

자못 궁금하다는 듯 현민을 쳐다보며 멘토가 물었다.

"웅변 학원 같은 곳에서 큰 소리로 말하는 법을 가르치는 것을 본 일이 있습니다. 가슴을 펴고 허리를 구부리지 말고 꼿꼿이 서서 큰 소리로 말하는 법을 가르치더군요. 이런 것들이 자신감 배양과 관련이 있는 것입니까?"

"물론이지. 잘 보았다."

"큰 소리로 말하라는 것은 알겠습니다. 그 다음 원칙은 무엇입니까?"

현민은 어서 빨리 말하기 기술을 배워 말짱이 되고 싶은 마음에 이렇게 질문했다.

"급하기는…. 아직 안 끝났다. 큰 소리로 말하면 좋은 점이 또 있다."

"또요? 뭔데요?"

"그건 부정확한 발음을 어느 정도 보완해 준다는 거야. 소리를 크게 내면 발음이 보다 정확해진다. 왜냐하면 입을 크게 하면 제대로 된 소리가 나기 때문이지. 소리를 내는 구조가 있는데 보통은 입을 충분히 열지 않고 발음하기 때문에 소리가 부정확해지는 거야. 일단 입을 크게 벌리고 소리를 크게 내면 발음이 좋아진다는 얘기다. 어라, 믿기지 않는다는 표정이네!"

"예. 조금은요."

"그래? 너 노래방 자주 가냐?"

"예. 자주 가는 편인데요. 왜요?"

"노래를 잘하려면 우선 소리를 크게 해야 돼. 그렇지 않느냐? 경험으로 알 텐데…. 노래를 못하는 사람은 자신감이 없으니까 소리가 기어 들어가고 소리가 기어 들어가니까 더 안 되는 거지. 노래를 잘하려면 자세를 잡고 크게 부르는 자신감이 있어야 하거든. 말하기도 마찬가지야."

"노래를 잘하려면 소리를 크게 하는 게 기본이듯이 말하기를 잘하려면 소리를 크게 해야 자신감도 생기고 발음도 정확해진다는 말씀이죠?"

"정리 좋다."

| 말에도 박자 감각이 필요하다 |

"그리고 노래방 얘기가 나왔으니까 하는 말인데, 노래만이 아니라 말하기에도 박자 감각이 필요하다는 것도 알아두어라."

"아니, 그건 또 무슨 말씀이죠? 말할 때 탬버린을 들고 박자를 맞출 수도 없을 텐데요."

"예끼!"

"히히. 예를 하나 들어 달라는 말씀입니다."

멘토와 현민은 한바탕 웃음을 터뜨렸다. 잠시 후 멘토가 입을 열었다.

"그럼, 가장 쉬운 예를 하나 들어주지. 할머니한테 귀신이 나오는 옛날이야기를 들은 적이 있을 거야."

"아니오. 저희 할머니는 귀신 나오는 얘기 안 해 주셨는데요."

현민의 대답에 잠깐 당황하는 듯 했으나 멘토는 이내 평소대로 차분하게 설명을 계속해 나갔다.

"그래? 그럼 좋다. 더 좋은 예로 동화 구연을 하는 사람들을 보자. 평이한 이야기가 계속되다가 이야기가 급박하고 중요한 순간이 되면 목소리의 톤이 달라지고 말도 빨라지지. 그러다가 모든 갈등이 해결되는 마지막에 오면 다시 이전의 속도로 돌아오고. 이렇게 말의 속도나 톤으로 아이들이 긴장감을 잃지 않도록 해서 끝까지 이야기에 귀를 기울이도록 하는 거야. 특히 30분 이상 혼자서 얘기를 해야 하는 연설의 경우에는 완급 조절을 해야 듣는 사람들이 끝까지 긴장감을 가지고 말을 들을 수가 있는 법이지. 일상적인 대화에서는 이렇게 긴장감을 유지할 필요는 없지만 적당한 속도로 말하는 것이 아주 중요해."

"그럼 자신이 말하는 속도가 빠른지 느린지는 어떻게 알 수 있죠?"

"보통 1분에 270~280자 정도의 속도로 말하는 것이 사람들에게 가장 편안하게 들린다고 하는데 이런 것까지 염두에 둘 필요는 없고, 가장 손쉬운 방법은 주위에 솔직하게 말해 줄 친구나 가족이 있다면 그 사람들에게 자신이 말하는 속도가 너무 빠르거나 느리지 않은지 물어보는 거야. 이 방법이 여의치 않으면 우선 평소에 대화할 때 자신이 말하는 속도와 남이 말하는 속도를 비교해 보는 거지."

멘토의 설명이 끝나기가 무섭게 현민은 또다시 질문했다.

"그런 다음에는 어떻게 해야 하나요?"

"모방은 창조의 어머니라고 하지."

"아니, 지금 예술을 하는 것도 아닌데 무슨 모방이고 창조입니까?"

"성격 급하기는…. 우리말은 끝까지 들어봐야 하는 법! 내 말은 뭔고 하니 다른 사람을 따라 하는 것부터 시작하라는 말이다. 주위 사람들 중에서 자신이 듣기에 가장 편안한 빠르기로 말하는 사람을 찾아서 그 사람의 말하는 속도에 맞추려고 평소에 연습을 하는 거야. 그러다 보면 일상생활에서의 대화는 어느 정도 맞출 수 있을 거야. 하지만 일상적인 대화에서는 별 문제가 없는 사람들도 회의석상에서 발언을 하거나 연단에서 발표를 하게 되면 긴장을 해서 자기도 모르는 사이에 말의 속도가 빨라지는 경우가 많아. 특히 남들 앞에서 말하는 데 익숙하지 않은 사람들은 발표를 하게 되면 그 자리에서 빨리 벗어나고 싶다는 생각에 말이 점점 빨라지기 십상이지. 그러다 보면 자신이 전달하고 싶은 얘기는 채 하지도 못하고 이야기를 마무리하는 데 급급하게 되어 버린단 말씀이야."

"맞아요."

현민은 멘토의 설명에 동의하며 고개까지 끄덕이며 대답했다.

"이처럼 우리가 말을 할 때도 강조하고 싶은 부분이나 중요한 부분 등에서는 좀 더 속도를 높여서 완급을 조절하면 말하고자 하는 바를 보다 효과적으로 전달할 수 있겠지. 하지만 이렇게 완급 조절까지 하는 것은 고급자를 위한 내용이고 기본적으로는 자신의 말하는 속도를 제대로 파악하는 것에서부터 시작하는 것이 좋아."

"그렇군요."

"하지만 항상 그렇듯 예외는 있어. 중요한 프레젠테이션을 한다면 말의 빠르기 또한 최고 결정권자의 취향에 맞추는 것이 좋아. 4권에서 이미 보고서의 권력 관계에 대해서 알려 줬으니 이해하겠지. 사람에 따라 말을 빨리 하는 사람에게 신뢰를 나타내는 사람도 있고 반대로 말을 천천히 하는 사람에게 신뢰를 보이는 사람도 있다고 해. 그러니까 일상적인 대화나 토론에서는 몰라도 중요한 프레젠테이션을 할 때는 사전 조사를 통해 최고 결정권자의 취향도 미리 파악해 주는 정도의 센스가 필요하겠지."

 계속되는 설명에 입이 마른지 멘토는 잠깐 멈추었다가 다시 입을 열었다.

 "이밖에도 말할 때 독특한 버릇을 갖고 있는 사람들이 있어. 말끝마다 '음…', '어…'를 붙이는가 하면 코를 킁킁거리는 사람도 있고…. 그런데 이런 버릇을 정작 자신은 잘 깨닫지 못하고 있는 경우가 많아. 이런 사람들의 경우 신뢰감도 줄 수 없을 뿐만 아니라 심하면 과연 저 사람의 말을 믿어야 하는 걸까 하는 의구심마저 들게 하지."

 "무슨 말씀인지 알겠습니다. 근데 핵심을 찌르는 뭔가가 더 있을 것 같은데요."

 "아니, 내가 지금 핵심을 찌르는 얘기를 하려고 하는 걸 어떻게 알았지?"

 "정말이요?"

 "그래, 이제 말하기의 핵심에 대해 말해 보자."

03 이것만은 꼭!

큰 소리로 완급을 조절하며 말하라!

목소리에 색깔을 입혀라. 좋은 목소리를 타고나지 못했더라도 약간의 연습을 통해서 어느 정도의 톤을 바꿀 수 있다. 그리고 그것보다 더 중요한 것은 말의 빠르기나 크기, 억양, 발음, 호흡 조절 등이 자신의 의견을 전달하는 데 아주 중요한 역할을 한다는 점이다.

큰 소리로 말하라. 큰 소리로 말하면 자기도 모르게 확신이 들고 자신감이 생겨 말하기를 효과적으로 할 수 있을 뿐 아니라 발음이 정확해지는 효과도 얻을 수 있다.

말에도 박자 감각이 필요하다. 특히 30분 이상 혼자서 얘기를 해야 하는 연설의 경우에는 완급 조절을 해야 듣는 사람들이 끝까지 긴장감을 갖고 들을 수 있다.

보통 1분에 270~280자 정도의 속도로 말하는 것이 사람들에게 가장 편안하게 들린다고 한다. 우선 주위 사람들에게 자신의 말하는 속도가 어떤지 물어보거나 평소에 자신과 남이 말하는 속도를 비교

해 자신의 말하는 속도를 파악한다. 그런 다음 주위 사람들 중에서 자신이 듣기에 가장 편안한 빠르기로 말하는 사람을 찾아서 그 사람의 말하는 속도에 맞추려고 연습을 하면 된다.

하지만 예외가 있다. 중요한 프레젠테이션을 한다면 말의 빠르기 또한 최고 결정권자의 취향에 맞추는 것이 좋다. 사람에 따라 말을 빨리 하는 사람에게 신뢰를 나타내는 사람도 있고 반대로 말을 천천히 하는 사람에게 신뢰를 보이는 사람도 있다. 그러므로 일상적인 대화나 토론에서는 몰라도 중요한 프레젠테이션을 할 때는 사전 조사를 통해 최고 결정권자의 취향도 미리 파악하는 게 필요하다.

논제를 회피하지 마라

청중이 원하는 것을 파악해 그에 답하는 것이 중요하다.

"말하기의 핵심이란 무엇인가요?"

급한 마음에 현민은 쉴 틈을 주지 않고 질문했다. 현민의 그런 마음을 알아서인지 멘토도 나무라지 않고 곧바로 대답했다.

"논제를 회피하지 말라는 것이다. 무슨 말이냐 하면 말하기에서도 글쓰기와 마찬가지로 다뤄야 할 주제를 피하면 안 된다는 거야. 아주 당연한 말 같지만 현실을 보면 그렇지도 않다는 것을 곧 알 수 있지. 예를 들어 '인터넷 악플 처벌해야 하는가?' 라는 문제로 토론을 한다고 해 보자. 그러면 악플을 처벌해야 한다거나 아니라는 어느 한쪽에 서서 자신이 왜 그런 주장을 하는지 그 근거를 대고 상대방의 주장을 반박해야 하는데, 그렇지 않고 과연 인터넷이란 무엇인가, 인터넷에서 의사소통이란 무엇인가, 댓글을 다는 심리가 무엇인가 등에 관해 조목조목 얘기하면서도 정작 악플을 처벌해야 하는가에 대해서는 자신의 입장을 밝히지 않는 경우가 있다는 거야. 즉 논제를 회피하는 거지."

"하지만 인터넷에 관한 그런 발언도 악플 처벌과 관련이 있지 않나요?"

"물론 관련이 있겠지. 하지만 토론이나 발표는 시간이 정해져 있으니 정해진 시간 내에 논제를 다뤄야지 너무 멀리 나가면 안 된다는 거야."

"제 생각에는 논제를 회피하는 사람은 별로 없을 것 같은데요."

"그렇다면 다행이지만 의외로 많은 게 현실이야. 두 가지 경우로 나눌 수 있는데, 첫째는 청중이 원하는 주제를 강연자가 피하는 경우이고, 둘째는 반대로 발표자 자신이 하고픈 말을 못하고 논제에서 벗어나는 경우지. 일단 첫 번째 경우부터 살펴보자."

"그건 아까 하지 않았나요? 악플 처벌 문제에서 한 것 같은데요."

똑같은 얘기를 반복하는 건 아닌가 싶어 현민은 이렇게 얘기했다.

"물론 그렇지만 좀 더 생각해 보자는 거지. 태클 심하게 들어오네. 강의에 불만 있나?"

"그런 건 아니고요. 그냥 그렇게 됐습니다."

죄송한 마음에 현민의 목소리가 기어 들어갔다.

"열심히 질문을 한다고 생각하겠다. 그런데 여기서 생각나는 게 있구나. 예전에 무엇이든 끝까지 파고드는 사람이 있었던 모양이야. 하긴 뭐, 요즘도 끈질기게 끝까지 파고드는 사람이 많이 있지만…. 어쨌든 힌두교에 이런 일화가 나온대."

"힌두교요? 갑자기 웬 힌두교입니까?"

"만날 성경이나 불전 아니면 중국 고전이니까 신선하라고 좀 바꿔 봤다."

"아, 네. 그래서요?"

"오, 힌두교 일화였지. 잘 들어봐라."

학식이 높은 것으로 유명한 브라만 출신의 학자 야그나발크야와 대담을 나눈 학생 가운데 대대적인 주목을 받았던 사람은 바로 가르기라는 여성 철학자이다. 그녀는 무엇이든 끝까지 파헤치고자 하는 강렬한 탐구심을 가지고 있어서 어느 날 야그나발크야는 그녀에게 이렇게 말한다.

"가르기, 머리가 떨어져 나가지 않도록 너무 많은 질문을 하지 마라."

—《힌두교》, 비네이 랄 지음/박지숙 옮김, 김영사, 2005, 36쪽

"재밌지?"

현민이 재미있어 할 거라는 멘토의 예상은 완전히 빗나갔다. 현민의 반응이 영 신통치 않고, 썰렁함 그 자체였던 것이다.

"아뇨, 재미없는데요. 그게 뭐가 재밌어요. 머리가 떨어져 나가지 않도록 너무 많은 질문을 하지 마라는 게 무슨 뜻인지 모르겠어요. 죽인다는 뜻인가요?"

"그런가? 어쨌든 질문에 관한 얘긴데 이런 얘기를 왜 하느냐 하면, 논제를 회피하지 말라는 원칙에서 청중이 무엇을 원하는

지를 반드시 체크해야 한다는 것을 말하고자 함이야."

"청중에게 질문할 시간을 주어야 한다는 말씀인가요?"

"그렇지. 사람들은 주제와 관련해 뭔가 듣고 싶은 얘기가 있으니까 그 자리에 오는 것이거든. 따라서 청중이 듣고 싶은 것을 말해 주지 않는다면 아무리 표현력이 뛰어나고 내용이 좋았다고 해도 청중을 만족시킬 수가 없는 것이지. 따라서 청중이 원하는 것이 무엇인가를 확인하고 그에 답하는 것이 아주 중요하다는 얘기다."

"보통 그렇게 하지 않나요?"

너무 뻔한 얘기를 하는 것 같아서 현민이 되물었다.

"그건 아니야. 예를 들어 1시간 강연의 경우 보통 50분 정도 강연하고 10분 정도 질문을 받거나 심한 경우 아예 질문을 받지 않기도 하지. 또 집단 발표회도 2시간 정도 하면 보통 시간에 쫓긴다고 하면서 두세 명 정도만 질문을 하도록 하지. 하지만 이렇게 하면 안 된다는 거야. 이렇게 해서는 청중이 무엇을 원하는지 확인할 방법이 없거든."

"그럼 시간을 어떻게 할애해야 하나요?"

"내가 보기에는 1시간 강연이라면 약 30분 발표하고 나머지 30분은 질의응답으로 하는 것이 좋아. 그리고 토론이라면 40분 정도 하고 20분은 청중에게 질문 기회를 주는 것이 좋다고 본다. 그렇게 하면 청중이 원하는 것을 즉시 확인할 수 있고, 또 답할 시간도 어느 정도 있으니까."

"청중이 질문을 안 하면 어떻게 하나요? 우리나라 사람들은 질문 잘 안 하는데요."

"무슨 그리 옛날 얘기를…. 요즘은 서로 앞을 다퉈 질문하는 시대다. 그런 걱정은 안 해도 된다."

"예를 하나 들어주시면 안 되나요?"

이해하는 데 예만 한 것이 없다는 걸 잘 아는 현민은 이번에도 그걸 주문했다.

"대한민국에 안 되는 게 어디 있냐? 다 되지. 으음, 어색하군. 어쨌든 예를 들어보자. 가령 다이어트에 대한 발표가 있다고 해보자. 발표자가 다이어트에 대해 열심히 설명했다고 하자. 그런데 청중 가운데 한 명은 '맥주를 마시면 정말 살이 찔까'에만 관심이 있는데 강연 도중에는 그에 대한 언급이 없었다고 한다면 어떻게 해야 될까? 즉 이 사람은 얼마 전 신문에서 맥주는 뱃살과 관계가 없다, 다만 맥주를 마시면서 안주를 먹기 때문에 살이 찌는 것이라는 기사를 읽었고, 다른 한편 텔레비전에서 맥주 한 잔의 열량이 빵 한 개와 같다는 것을 봤던 것이지. 그런데 강연에서는 이에 대한 언급이 없었다면 당연히 질문을 해야 되지 않겠냐? 하지 못하게 하면 발표자가 의도는 안 했지만 청중의 요구를 피해 간 것이 되고 말겠지. 됐냐?"

"예, 이해됩니다."

"다음은 발표자 자신이 하고픈 말을 못하는 경우다. 이게 무슨 말이냐 하면, 가장 좋지 않은 발표는 아무런 인상도 남기지 못하는 발표라는 거야. 인상적이라는 말은 보통은 좋은 의미로 쓰이지만 나쁜 의미로 인상적이어도 상관없다는 거지. '그런 발표를 하다니 도저히 이해가 안 가는구먼.' '정말 내 생각과는 반대야.' '그렇게 생각할 수도 있다니 어이가 없군.' 이와 같은 반응도 아무런 인상을 남기는 못하는 것보다는 낫다는 얘기다. 좀 과격한가?"

"조금 이상합니다. 좋은 인상이야 괜찮지만 나쁜 인상을 남기는 것은 마이너스 아닌가요? 그럴 바에는 아무런 인상도 남기지 않는 것이 본전은 하는 거 아닐까 생각합니다만…."

현민의 얼굴에는 납득이 안 간다는 표정이 역력했다.

"그럴 수도 있지. 하지만 나쁜 인상이라는 것도 찬찬히 뜯어보면 괜찮을 수도 있어. 즉 발표자의 태도라든가 내용의 충실함의 정도라든가 진지함이 흠 잡을 데가 없는데, 단지 발표 내용이 상식과는 어긋난다든가 청중의 생각과는 너무 다른 경우는 나쁜 인상을 남긴다기보다는 청중을 자극시켰다고 보아야 하지 않을까? 즉 지적인 자극을 준다는 것이지. 바로 이런 것은 괜찮다는 말이다."

"지적 자극이라면 별 문제가 없겠네요. 하여튼 인상을 남겨야 한다는 말씀인데 발표자가 하고픈 말을 못하는 것과는 무슨 관련이 있습니까?"

"음, 관련이 있지. 발표가 인상을 남기려면 발표자가 소신껏 자신이 하고픈 말을 해야 돼. 발표나 토론 전에는 소신을 말하리라 다짐을 하고 들어가지만 막상 시작하고 나면 마음이 바뀌는 수도 많이 있으니까 하는 말이야."

"어떤 경우에 그런 일이 발생합니까?"

"여러 경우지. 우선 발표나 강연에서 서론을 지나 본론으로 들어갔을 때 청중의 분위기가 이게 아니다 싶을 경우도 있고, 발표를 하다 보면 자기 검열을 하는 경우도 있어. 무슨 뜻이냐 하면 처음에는 이 말을 꼭 해야지 하고 들어왔으나 얘기를 시작하고 나서는 수위 조절을 스스로 한다는 거야. '이 말은 너무 심하다. 괜히 이런 말 했다가는 인터넷에 또 난리 나겠다.' 이런 식으로 자기 검열을 한다는 것이지."

"수위 조절이 필요할 때도 있지 않은가요? 나빠 보이지 않는데요."

멘토의 말에 귀를 기울이고 있던 현민이 물었다.

"물론 그럴 필요가 있는 경우도 있겠지. 하지만 소신을 말하지 않고 피해 가면 결국 발표자는 찜찜하고 청중은 뭔가 속은 것 같고, 그렇게 되기 쉽지."

"소신 발언을 하라는 말씀인데 혹시 예가 있습니까?"

"있지. 한 강연을 들으니 백제와 중국이 얼마나 긴밀한 관계가 있었는가를 여러 유물을 통해 보여주면서, 중국 땅에까지 백제의 영역이 확장되었다는 교과서 기술은 문제가 있다고 하더라고. 나야 전문가가 아니니 잘 모르지. 하지만 발표자의 진지함과 학문적 태도나 지적 수준으로 보아 상당히 믿음이 갔어. 그런데 재미있는 것은 그 다음이었지. 발표자가 그러더라고. 이렇게 얘기하면 또 인터넷에 자기 이름이 오르고 난리가 날 것이라고. 그런 반응을 예상하면서도 자신의 소신을 말하는 자세가 좋았다는 것이지. 그런 강연은 당연히 인상을 남기지 않겠냐?"

"그럴 것 같습니다."

"다음으로 가장 일반적인 얘기지만 사람들이 가장 어려워하는 요건에 대해 얘기해 보자."

멘토의 이 말은 현민의 궁금증을 자아내기에 충분했다.

"가장 일반적이지만 가장 어려운 요건이라…. 그건 또 뭔가요?"

04 이것만은 꼭!

안 좋은 인상이라도 남기는 것이 좋은 연설이다.

논제를 회피하지 마라. 즉 다뤄야 할 주제를 피하면 안 된다는 것이다.

논제를 회피하는 경우는 두 가지인데, 첫째는 청중이 원하는 주제를 강연자가 피하는 경우이고, 둘째는 반대로 발표자 자신이 하고픈 말을 못하고 논제에서 벗어나는 경우다.

첫 번째 경우는 청중에게 질문할 시간을 충분히 주어 그들이 원하는 것이 무엇인지 체크함으로써 해결할 수 있다. 1시간 강연이라면 30분 발표에, 질의응답 30분으로 하는 게 좋고, 토론이라면 40분 하고 20분은 청중에게 질문 기회를 주는 것이 좋다.

두 번째 경우는 소신껏 자신이 하고픈 말을 해서 청중에게 인상을 남김으로써 해결할 수 있다. 좋은 인상은 물론이고 나쁜 인상 - 발표자의 태도, 내용의 충실함의 정도, 진지함 등은 흠 잡을 데가 없는데 단지 발표 내용이 상식과 어긋난다든가 청중의 생각과는 너무 다른 경우 - 이라 할지라도 아무런 인상을 남기지 못하는 것보다 낫다.

간단명료하고 짧게 말하라

단순하고 분석적으로, 동시에 시간상으로 짧게 말하라는 의미다.

"일단 네가 싫어하는 그 책으로 돌아가서 한번 살펴보자."
멘토의 말이 끝나기가 무섭게 스크린 위로 인용문이 나타났다.

어설픈 사람만이 간단한 것도 복잡하게 설명한다. 설명이 명확하면 청중은 저절로 귀 기울여 듣는다. 전문용어는 가능한 한 피해 청중에게 부담을 주지 않는 것이 좋다. 다시 한 번 강조하건데, 간단명료하고 복잡하지 않게 설명해야 한다!

레닌이 마르크스에게 장문의 편지를 보냈다. 여섯 장에 달하는 그의 편지 말미에는 '너무 바빠서 편지를 여섯 장이나 쓸 수밖에 없으니 양해해 주길 바라네' 라는 추신이 달려 있었다. 의아하게 여긴 마르크스가 레닌에게 다시 편지를 보내 '바쁘기 때문에 용건만 간단히 쓸 시간이 없다네! 그렇지 않았다면 여섯 장이나 쓰지는 않았을 것' 이라고 답했다.
—《말하기의 정석》, 하인츠 골트만 지음/윤진희 옮김, 리더북스, 2006, 51쪽

현민이 생각하기에 이 지침은 너무 흔하게 접할 수 있어서 왜 이런 것이 지침이 되는지 이해하기 어려웠다. 장황하게 그리고 뒤죽박죽으로 말하는 사람을 누가 좋아하겠는가! 다 간단명료하고 짧게 말하는 것을 좋아하지. 무슨 새로운 것이 있나?

"질문이 있는데요. 인용문은 결국 간단명료하고 짧게 말하라는 것인데, 이는 누구나 알고 있는 것 아닌가요?"

"그래, 다 알고 있다고? 근데 어쩌나. 준비된 것이니까 하는 수밖에 없구나. 지루해도 좀 참아라."

어째 불길한 예감이 든다. 조금 비꼬는 것 같기도 하고…. 흐음, 어쨌든 방심하면 안 되겠네.

멘토가 웃음을 머금은 채 현민을 쳐다보더니 입을 열었다.

"간단명료한 것과 짧은 것하고는 다른 개념이겠지. 어떻게 다르냐?"

"간단하다는 것은 복잡하지 않다는 것이고 명료하다는 것은 분명하다는 것이니까 사실상 간단과 명료도 다른 개념 아니겠습니까?"

"오우, 제법인데! 그래 맞다. 간단과 명료도 구별되는 개념이지. 그럼 짧다는 것은 말할 것도 없겠구나."

"그럼요. 짧다는 것은 여기에서는 시간적으로 짧다는 것 아닙니까?"

"그렇지. 그럼 간단하고 명료하게 그리고 짧게 말하라는 뜻이 되는구나."

"예, 그렇게 되네요."

"다시 말해서 '복잡하지 않게 그리고 분명하게, 동시에 시간상으로 짧게 말하라'가 되는데, 이렇게 정리한다면 세 가지를 지켜야 한다는 말이지. 그 중 먼저 시간에 대해 알아보자. 1분이 얼마나 긴 시간인지 체험해 본 적이 있느냐?"

"구체적으로 무슨 말씀인지요?"

현민이 되물었다.

"시계를 갖다 놓고 1분 동안 혼자 말을 해 봐라. 해 보면 1분이 얼마나 긴지 실감할 수 있을 거야. 따라서 5분 스피치 정도 되면 하고픈 얘기를 다 할 수 있지. 사람들은 자신이 얼마나 중언부언하면서 길게 말하고 있는지를 잘 몰라. 시간에 대한 자각이 없기 때문에 말하는 시간이 길어지게 돼 듣는 사람을 짜증나게 만들고 자신의 이미지를 구기게 되는 것이지."

"그럼 실제로 1분 스피치, 3분 스피치, 5분 스피치를 해 보라는 말씀인가요?"

"해 보면 좋지. 실제로 해 보면 시간 개념이 생길 거야. 특히 선거철이 돌아오면 후보자들이 텔레비전에 나와서 토론을 하게 되지 않냐? 그런 경우 답변이나 발언에 시간제한을 두는데 1분 제한도 흔하지. 그런데 유심히 보면 1분도 긴지 1분 동안인데도 한 말 또 하는 후보가 있어. 훈련이 부족해서 생기는 일이지. 따라서 시간을 정해 놓고 답하고 발언하는 연습을 하지 않는 한 토론이나 회의에서 이길 가능성은 높지 않지."

"'시간은 짧게 한다'는 것은 이해가 갑니다. 그럼 '복잡하지 않게 하라'는 것은 구체적으로 무슨 뜻입니까?"

"이런 말이 있지. 잘 알아야 간단하게 말할 수 있다고. 어떤 문제에 대해 잘 모르는 사람일수록 말이 길어지는 거야. 잘 모르니까 이 얘기 저 얘기 한다는 거지. 정통한 사람일수록 복잡하지 않게 핵심을 찔러 말하기 때문에 간단해진다는 말이다."

"하지만 실제로 간단하지 않은 문제도 많지 않습니까? 세상일이 얽히고 설켜서 간단하게 말할 수 없는 경우가 대부분인데 어떻게 간단하게 말할 수 있겠습니까? 그렇게 하면 오히려 문제를 오도하지 않겠습니까?"

"갑자기 수준이 높아진 느낌이구나. 맞는 지적이다."

"그럼 어떻게 해야 합니까?"

멘토가 순순히 현민의 지적이 옳다고 하니 갑자기 맥이 빠지는 느낌이 들었다. 멘토는 늘 당당하게 자신의 의견을 밝히고 반론에 굴하지 않았는데 조금 이상한 느낌이었다. 하지만 아니나 다를까 멘토가 씩 웃더니 말했다.

"그러니까 간단하게 말하는 법을 배워야 하는 거야. 세상일이 다 간단하다면 뭐 하러 간단하게 말하라고 가르치겠느냐. 세상일은 복잡하고 우리가 다루는 주제도 복잡한 문제이지만 그 문제가 도대체 어떻게 해서 복잡한지를 간단하게 설명할 수 있어야 된다는 거지."

"무슨 뜻인지 잘 모르겠습니다. 좀 더 부연 설명해 주시면 안 될까요?"

"그러지 뭐..복잡한 문제가 왜 복잡한지를 말해 줄 수 있으면 된다는 거야. 여러 가지 문제가 겹쳐 있다면 어떤 문제들이 겹쳐 있는가를 하나씩 말해 주면 단순하게 말하는 것처럼 보이지만 복잡한 문제의 복잡함을 잘 드러낼 수 있다는 거지. 알겠냐?"

"잘 모르겠습니다. 예가 있으면 좋겠습니다."

부연 설명까지 들었지만 여전히 이해하기 어려워 현민은 또다시 예를 들어 달라고 했다.

"예라…. 어떤 게 좋을까? 음, 야스쿠니 신사 참배 문제는 어떨까? '고이즈미는 왜 야스쿠니에 갈까?'라는 문제는 복잡한 문제로 보이지 않느냐? 이럴 때 여러 가지 이유를 하나씩 떼어서 거론하면 단순해 보이면서 문제의 복잡함을 드러낼 수 있지. 가령 고이즈미가 야스쿠니에 가는 이유를 첫째, 선거 공약이기 때문에 안 갈 수 없다, 둘째, 일본이 패전국에서 보통 국가로 나아가고자 하는 의지의 표현이다, 셋째, 선거 때 표를 의식한 행동이다, 넷째, 야스쿠니 문제를 키움으로써 이제 야스쿠니 문제는 일본의 주요한 외교 카드가 되었기에 포기할 수 없다 등으로 거론한다면, 이유 하나하나는 단순해 보이지만 모두를 합치면 복잡한 문제가 되겠지. 물론 각각의 이유에 대한 근거를 또 대야 하겠지만."

"그렇다면 단순하게 말하라는 것은 사실상 분석적으로 말하라는 것이 되지 않습니까?"

"그렇다고 할 수 있지. 자동차도 분해하면 단순한 부품으로 구

성되는 것처럼 어떤 문제라도 일단 분석할 수 있다는 거야. 따라서 분석적 사고를 하면 단순하게 말할 수 있지."

설명을 듣고 보니 그제야 알 것 같았다. 그때 불현듯 이런 생각이 떠올라 멘토에게 말했다.

"단순 무식하다는 말은 어울리지 않는 말이네요. 단순하다는 것이 지금처럼 분석적이라는 뜻으로 쓰인다면 무식하다는 것과는 맞지 않으니 말이에요."

"그렇지. 네 말을 들으니 나도 생각나는 게 있다. 청순가련이라는 말이 있지. 근데 청순과 가련은 구별된다는 거야. 즉 청순은 깨끗하고 순수하다는 뜻이고 가련은 가엾고 불쌍하다는 뜻이잖아. 그렇다면 청순과 가련이 연결되어 한 단어로 쓰일 이유는 없는 것이지. 어떤 사람이 가련하긴 하지만 청순하진 않을 수 있고 그 반대일 수도 있지. 얘기가 옆으로 샜네. 다시 돌아와서 단순하게 말하라는 것이 무식하게라든가 하는 어감은 전혀 없는 것이고 오히려 분석적으로 생각해야 된다는 거야. 알겠지?"

"잘 알겠습니다. 그런데 짧게 말한다, 단순하게 말한다는 설명하셨는데 명료하게 말하는 것이 어떤 뜻인지는 아직…."

"긴장하고 있구나. 명료하게 말하라는 뜻이 무엇이겠느냐? 사전적으로 말하자면 분명하고 똑똑하다는 뜻이지. 다 알고 있는 거 아니냐?"

멘토의 말대로 현민은 잔뜩 긴장하고 있었다. 말짱이 되고픈 마음이 너무도 간절해 멘토의 얘기를 하나라도 놓치지 않으려고 심혈을 기울이고 있었던 것이다.

"그래도 다른 뜻이 있을 것 같아요. 단순하다는 말도 단순하지 않았으며 짧게라는 말도 의미가 조금 달랐으니까요."

"이번 경우에는 그냥 보통 뜻이야. 분명하고 똑똑하게 말하라는 것이다. 토론이나 발표를 하든 면접을 보든 언제나 표현은 분명하고 똑똑해야 하니까. 다만 명료하다는 것이 발음이 분명해야 한다거나 목소리의 톤이 좋아야 한다는 식의 뜻만은 아니라는 점을 명심해라. 여기에서 명료하다는 것은 인상을 말하는 거야. 토론에서 어떤 사람은 중요한 얘기도 많이 하고 핵심을 짚는 것처럼 보이는데 이상하게 토론을 마치고 나서는 그 사람이 명료하다는 인상을 주지 못하는 경우가 있지. 아무튼 토론이나 발표에서 듣는 사람에게 명료한 인상을 남기는 것이 중요하다는 걸 잊지 말아라."

"그럼 어떻게 해야 하나요?"

"여러 가지가 복합되어 있는데 우선 핵심을 놓치면 안 된다. 즉 내용의 문제야. 앞서 말한 것처럼 논제를 회피하지 않으면서 핵심을 찌른다면 명료하다는 인상을 줄 수 있겠지. 하지만 표현 방법도 중요해. 우리가 지금 다루고 있는 단순하게 말하기, 짧게 말하기가 명료한 인상을 줄 수 있는 방법이지."

"정리하면 기본적으로는 간단하고 짧게 말해서 명료한 인상을 남기는 것이 좋다는 말씀이죠?"

"맘에 든다. 오래간만에 마음에 드는 대답을 했으니 최근에 가장 뜨고 있는 효과적인 말하기 방법을 알려 주마."

"가장 효과적인 방법이요? 그건 또 뭔가요?"

"바로 유머다."

05 이것만은 꼭!

핵심을 찌르되 단순하고 짧게 말한다.

간단명료하고 짧게 말하라. 다시 말해서 '복잡하지 않게 그리고 분명하게, 동시에 시간상으로 짧게 말하라'는 것이다.

'짧게 말하기'는 실제로 시간을 정해 놓고 답하고 발언하는 연습을 통해 기를 수 있다. 1분 스피치, 3분 스피치, 5분 스피치 등을 해 보라.

'복잡하지 않게'는 분석적으로 말하라는 의미다. 예를 들어 '고이즈미는 왜 야스쿠니에 갈까?'라는 주제의 경우, 여러 가지 이유를 하나씩 떼어서 거론하면 이유 하나하나는 단순해 보이지만 모두를 합치면 복잡한 문제가 되는 것이다.

'명료하게 말하라'는 뜻은 말 그대로 분명하고 똑똑하게 말하라는 것. 명료한 인상을 남기려면 내용면에서 논제를 회피하지 않으면서 핵심을 찌르고, 형식면에서 단순하고 짧게 말하면 된다.

유머를 잊지 마라

유머가 없는 말하기는 푸석푸석한 땅과 같다.

 가장 효과적인 방법이라고 해서 귀가 솔깃했는데 막상 유머라는 말을 들으니 실망스러웠다. 현민은 이를 감추지 않고 표현했다.
 "좀 진부하게 들리네요."
 "왜 이 말이 진부하다고 생각하느냐. 남들이 다 하는 얘기라서?"
 "그렇죠. 요즘 유머 감각이 중요하다는 거 모르는 사람이 있나요?"
 "그런가? 그럼 그냥 넘어갈까?"
 멘토가 이렇게 순순히 나오다니 놀라웠다. 현민은 잠깐 생각에 잠겼다. 유머가 중요하다는 걸 알고 있지만 현민 역시 그것을 구사하는 데 어려움을 겪고 있는 게 사실이었다. 그래, 이참에 유머에 대해 한수 배우지 뭐.
 "아닙니다. 유머가 중요하다는 건 알지만 막상 재치 있게 유머를 구사할 수 있는 사람은 많지 않은 것 같습니다. 말이 나온 김에 유머에 대해 제대로 한번 알려주시죠."

"유머를 잘 구사하기 어렵다 이거지?"

"네."

"그 이유가 뭐라고 생각하느냐?"

"외워서 해도 잘 안 되고 성의껏 말해도 반응이 별로예요. 다른 사람이 하면 다 웃던데…. 제가 소질이 없어 그런가 봐요."

"물론 그럴 수도 있지. 진짜로 웃기는 얘기 못하는 사람이 있는 건 사실이야. 하지만 두 종류의 유머로 나누어 볼 필요가 있어. 하나는 들은 것이나 읽은 것을 미리 준비하는 경우고, 다른 하나는 준비 없이 즉석에서 상황에 맞게 구사하는 경우지. 너는 주로 어느 쪽이냐?"

"저야 준비하는 편이지요. 그나마도 제대로 못하는데요."

"그렇게 유머를 미리 준비할 때는 사전에 철저하게 연습해서 준비한 티가 나지 않게 하는 것이 중요해. '저 사람이 미리 준비했구나'라는 생각이 들면 제아무리 재미난 얘기라도 재미가 반감되는 법이지. 얼마 전에 로라 부시가 기자들 앞에서 자신을 '위기의 주부'라고 말해서 화제를 모은 적이 있어. 이때 모든 사람들이 로라 부시의 유머 감각을 칭찬했지만 사실은 몇 번이나 리허설을 거친, 준비된 유머였다는 것이 나중에 밝혀졌지. 이렇게 유머도 제대로 구사하려면 노력이 필요하지."

"어휴, 유머까지도 이런 노력이 필요한 거였군요."

한숨이 절로 나왔다. 앞에서 배운 것만 해도 그것들을 몸에 익히려면 시간이 적잖게 들어갈 판인데 거기에 유머까지…. 산 넘어 산이라는 생각이 들었다. 세상엔 공짜가 없다더니 말짱이 되는 길도 마찬가지구나. 그래도 한번 마음먹은 거니까 열심히 해 봐야지.

이 같은 현민의 생각을 읽었는지 멘토가 입을 열었다.

"고민스러운가 보구나. 하지만 너무 어려워하지 마라. 내가 즉석 유머 중 하나를 소개하고 대처법을 일러주겠다. 이런 일이 있었어. 고등학교 때 물리 시간이었지. 그날은 실험실에서 진행되었는데, 유리로 된 플라스크 안에 끝이 두 갈래로 갈린 금속이 들어가 있었고, 두 갈래의 금속이 서로 같은 극이면 밀치고 서로 다른 극이면 잡아당긴다는 실험을 하고 있었지. 그런데 예정대로 실험이 진행되지 않은 거야. 선생님이 이리저리 플라스크를 살피기도 하고 전선을 확인하기도 했지. 시간이 조금 흘렀는데 누군가 이렇게 외쳤어. '사기다!' 일순간 실험실이 조용해졌지. 선생님한테 그런 험한 말을 날렸으니. 하지만 선생님의 다음 한마디로 실험실은 웃음바다로 변했지. '아니다. 유리다!' 어때, 웃기지?"

"조금 웃기기는 한데 70년대 유머 같아요."

"맞아. 이거 70년대 초반에 있었던 일이야. 그런데 이 유머가 시대에 뒤지는 것은 사실이지만 이것이 준비되었던 것이 아니라 즉석에서 일어난 일이라는 점에 주목해 주길 바란다. 준비된 유머는 재미는 있지만 박장대소하거나 속이 후련해질 정도로 웃지는 못하지. 이것이 차이점이야."

"그럼 유머 감각을 키우는 방법이 있나요?"

"없을 리가 있겠느냐. 하지만 어렵겠지. 소질은 타고나는 것이니까. 두 가지 방법이 있다. 첫째는 유머 감각이 있는 사람과 함께 지내는 거야. 유머 감각도 홍역처럼 전염되는 것이거든. 자기도 모르게 유머 있는 사람의 유머가 자신에게로 옮겨오는 것이지. 재미있고 좋으니까 무의식중에 따라 하게 된다는 거야."

"질문 있습니다. 주위에 그런 사람이 없고 삭막한 사람들뿐이면 어떻게 합니까?"

"불행한 경우인데 그때는 간접적 전염을 택해야지. 즉 텔레비전의 오락 프로그램을 보면서 웃기는 사람을 보고 배워야지. 진짜로 재밌다고 느끼면 저절로 배우게 될 거야."

"에이, 그래도 안 되는 사람 많던데요. 아무리 코미디 프로그램을 봐도 그저 따라 웃기만 할 뿐 진전이 없던데요."

"그런 경우도 많이 있지. 이때 두 번째 방법을 쓰는 거야."

"그런데 어째 약장수 분위기가 납니다."

"그래서 불만이냐?"

멘토가 껄껄거리며 장난기 있는 표정을 지으며 물었다.

"아니오. 한번 해 본 겁니다."

"두 번째 방법은 관점에 관한 것인데 한 빌쩍 떨어져시 사물을 보는 자세를 갖는 것이야. 자신이 하고 있는 일에 함몰되어 있으면 유머가 생길 수가 없지. 구덩이에 빠져 허우적거린다면 여유란 생길 수가 없는 것이다. 유머란 아무리 어려운 지경에 빠져 있을 때에라도 한 발 비껴서 바라볼 때 생기는 법이지. 이런 자세는 연습하면 어느 수준까지는 가능하니까 희망이 있어."

"말씀은 쉬운데 실천은 어려워 보입니다."

"그렇지. 예를 하나 들어보자. 역시 힌두교에서 따와 봤다, 좀 신선하지 않을까 싶어. 이런 얘기야."

셀 수 없이 많은 라마야나 가운데는 라마야나 속에 또 다른 라마야나가 등장하는 것까지 있다. 저명한 인도 작가, 아난타머르티의 칸나다어 판 라마야나에서는 라마가 추방당할 때 시타가 그를 따라 숲으로 가겠다고 하자 라마가 거절하는 줄거리로 이야기가 펼쳐진다.

—《힌두교》, 비네이 랄 지음/박지숙 옮김, 김영사, 2005, 67쪽

"어때, 이번에는 신선하지?"

"그게 언제 쓰인 얘기입니까?"

"글쎄, 잘 모르겠는데. 인도 구전 설화라고 하니까 꽤 오래된 얘기겠지. 그게 중요한 게 아니고 작가가 자신의 이야기 구조 밖으로 나와 말을 한다는 것이 재밌지. 이런 것도 한 발짝 거리를 두고 보기에 해당될 거야."

"그럴 수 있어 보입니다. 재밌는데 또 없나요?"

"내가 무슨 개그맨이냐? 그래도 재밌는 얘기 해 달라니 하나 더 해 보자. 도움이 될지도 모르지. 실화인데 이런 일이 있었어. 고등학교 1학년 때 담임선생님이 어떤 학생에게 잘못을 했으니 내일 어머니 모시고 학교에 오라고 했어. 그랬더니 학생이 안 된다는 거야. 아니, 선생님 말씀에 정면으로 거역하다니. 모두 긴장했지. 게다가 학생이 잘못해서 그런 건데. 약간 당황한 선생님이 물으셨어. 왜 안 되냐고. 그러자 학생이 이렇게 답했지. '우리 어머니는 외간 남자 안 만나요.' 일순간 교실에 웃음이 터져 나왔고 담임선생님도 웃고 마셨지. 그래서 어떻게 됐냐고? 없던 일로 넘어갔지."

"역시 발상의 전환이라고나 할까, 뭐 이런 것이 유머를 만든다는 말씀이지요?"

"그렇지. 유머가 없는 말하기는 푸석푸석한 땅과 같지."

"그렇군요."

"마지막으로 이건 미국의 명 사회자인 래리킹이 유머에 대해서 한 말인데, 자기 자신을 유머의 소재로 삼는 것도 좋은 방법이라는 거야. 진짜 말 잘하는 사람은 자신이 우습게 보이는 것을 두려워하지 않는다는 거야. 말하자면 유머에서도 자신감이 필요하다는 얘기지. 여유가 있어야 유머도 자유자재로 구사할 수 있는 거 아니겠냐?"

"그렇군요. 저도 자신감을 가지고 연습해 보죠."

현민은 자신 있다는 듯 대답했지만 이런 생각이 들었다. 말하기의 일반 원칙 몇 가지를 들었지만 이것들이 구체적인 상황에서 적용되기에는 부족하지 않은가 하는 것이었다. 즉 말할 때는 큰 소리로 말하고 논제를 회피하지 않고 또 유머를 적절히 구사한다고 해도 토론이나 발표 그리고 사교 모임에서 말하기에는 무엇인가 빠진 것 같은 느낌이 들었기 때문이다. 더욱 구체적인 상황에서 어떻게 하라고 알려주는 것이 필요한 것 같았다. 이럴 때 물어보는 것이 가장 좋겠지.

"질문 있습니다."

"질문 좋지. 그래 뭐냐?"

"토론이나 발표를 하는 경우에 지금까지 말씀하신 일반 원칙이 물론 적용되겠지만 보다 구체적인 지침이나 가이드가 필요하지 않을까요?"

"음, 그러니까 상황에 맞는 보다 구체적인 가이드를 알려 달라는 거로구나."

"예."

"알았다. 그럼 한번 해 보자."

06 이것만은 꼭!

유머도 노력으로 배울 수 있다!

유머는 크게 두 종류로 나뉜다. 듣거나 읽은 것을 미리 준비하는 것과 준비 없이 즉석에서 상황에 맞게 구사하는 것이다. 유머도 제대로 구사하려면 노력이 필요한데 미리 준비할 때는 철저하게 연습해서 준비한 티가 나지 않게 하는 것이 중요하다.

유머 감각을 키우는 방법은 첫째, 유머 감각이 있는 사람과 함께 지내는 것이다. 유머 감각도 홍역처럼 전염되기 때문에 웃기는 사람이 옆에 있으면 자기도 모르게 그 사람의 유머가 자신에게로 옮겨오게 된다. 그런 사람이 없다면 오락 프로그램을 보면서 유머 감각을 배워보자.

둘째, 한 발짝 떨어져서 사물을 보는 자세를 갖는 것이다. 유머란 아무리 어려운 지경에 빠져 있을 때에라도 한 발 비껴서 바라볼 때 생기는 법이다.

셋째, 자기 자신을 유머의 소재로 삼는 것도 좋은 방법이다. 진짜 말 잘하는 사람은 자신이 우습게 보이는 것을 두려워하지 않는다는 것으로, 유머에서도 자신감이 필요하다는 얘기다.

04

상황에 따른 구체적인 가이드

말하기의 유형과 특징

토론의 기술

발표의 기술

면접의 기술

임기응변에 능해야 한다

목적을 생각하고 말하라

발표는 크게 두 가지 종류가 있단다. 하나는 정보 전달을 목적으로 하는 것이고, 다른 하나는 자신의 주장을 펼치는 것을 목적으로 하는 것이지. 청중이 어떤 사람들인지, 연설의 주제가 무엇인지에 따라 어떻게 시작할 것인지를 결정해야 한다.

말하기의 유형과 특징

회의, 토론, 발표, 면접 등의 특징을 살펴보자.

"상황에 따른 가이드를 달라고 했으니 말인데, 그럼 네 생각에 말하기에는 어떤 상황들이 있을 거 같으냐?"

갑자기 구체적인 상황들을 생각하려니 막막하기만 하고 아무것도 떠오르지 않았다.

"음…. 글쎄요."

"별걸 다 고민하고 있구나. 어렵게 생각하지 말고 우선 내가 말하기 가장 어려운 상황부터 생각해 보자."

"제가 직장 생활을 하면서 가장 자주 부딪히는 상황은 회의 시간이죠."

"그렇겠지."

"어찌나 회의가 많은지요."

"그래, 그럼 그 회의에 대해서 말해 보아라."

"우선 부장님, 과장님 층층시하죠. 어떤 때는 이사님까지 참석하시는데 아주 높으신 분들 눈치 보느라 스트레스가 이만저만이 아닙니다."

"그래. 네가 바로 말했다."

"제가 말하다니 뭘 말했다는 겁니까?"

현민이 어리둥절한 표정으로 물었다.

"회의의 특성 말이다. 보통 회사에는 수직적인 구조가 있지. 이런 수직적인 구조에서 회의라는 것은 권력 관계가 성립되어 있게 마련이야. 요즘 들어 수평적 조직 문화니 뭐니 하는 말들이 나오고는 있지만 우리 사회에서 아직까지 회의의 특성은 권력 관계라고 할 수 있지."

"듣고 보니 그런 것 같기도 하네요. 그런데 꼭 그런 것만은 아닌 것 같습니다. 제 친구가 다니는 외국계 회사는 좀 분위기가 다른 것 같더라고요. 아이디어 회의인지 뭔지를 한다는데 그게 아주 골치가 아픈 건가 봐요. 말씀하셨던 권력 관계 같은 것은 없는 것 같고, 자신의 생각을 얘기하기도 하고, 다른 사람의 의견에 반박하기도 하고…. 아무튼 그렇게 몇 시간씩 이어질 때도 있다고 하더라고요. 이런 회의는 좀 다르지 않나요?"

"물론 회사 분위기에 따라 회의 형식이 달라지기는 하겠지만 지금 말한 그 아이디어 회의라는 것은 토론의 형식에 더 가까운 것 같구나. 이렇게 토론 형식으로 진행되는 회의의 특징은 임원진이 참석하는 것이 아니라 주로 같은 팀 안에서 팀장의 주재로 이루어지는 경우가 대부분이라서 비교적 대등한 관계 속에서 대화가 이루어진다고 할 수 있어. 이런 때는 설득력 있게 자신의 주장을 얘기하는 것이 좋아. 그리고 회의나 토론과는 좀 다른 경우의 말하기에 발표가 있다. 너는 아직 경험이 별로 없겠지만 나처럼 유명한 멘토의 위치에 오르면 여기저기서 강연을 해 달라는 요청을 종종 받게 되지. 아마 너도 직장에서 좀 더 높은 위치에 오르게 되면 많은 사람들 앞에서 얘기를 할 기회가 있을 거야. 그때를 대비해서 지금 미리 배워 두는 게 좋겠지."

"강연은 그냥 준비된 내용을 말하면 되는 것 아닌가요?"

"아니, 내가 앞에서 한 얘기를 뭐로 들은 거냐. 말하기란 어떤 경우라도 듣는 사람과 말하는 사람이 함께 하는 공동 퍼포먼스란 말이다. 강연의 경우에도 일방적으로 강사가 말을 하고 청중은 듣기만 하는 거라고 착각하기 쉽지만 절대 그렇지 않다는 말이지."

원래 잘난 척하는 멘토가 더욱 당당하게 말하는 바람에 현민은 조금 기가 죽었다. 그렇게 잘 알고 있다면 좀 더 자세하게 알려 달라고 해야지.

"그런 발표를 잘 하는 방법에 대해 좀 알려주시죠."

"또 서두르기는. 발표도 여러 가지 종류가 있거든. 공식적인 발표, 비공식적인 발표, 연설 등이 있지. 이 부분은 나중에 좀 더 자세하게 알려줄 테니 걱정 말아라."

"이제 네가 알고 싶은 말하기의 상황이 다 나온 건가?"

"잠깐만요. 이건 제 친구가 부탁한 건데 걔가 아직 백수거든요. 필기시험은 잘 보는데 면접에서 항상 떨어진다고 하네요."

"그래. 그것도 요즘 젊은 친구들에게는 아주 중요한 문제지."

"그럼 면접에는 어떤 특성이 있는 건가요?"

"네가 면접 봤을 때를 생각해 보아라."

"음…. 그게 잘 생각이 나진 않지만 면접을 볼 때야말로 권력 관계가 가장 확실한 것 아닌가요? 이 회사에 다닐 수 있느냐 없느냐가 면접관에게 달려 있으니까요."

"맞는 말이다. 하지만 면접은 회의와는 또 다른 면이 있지. 회의야 흐름을 따라가면 되는 거지만 면접에서는 자신의 존재를 확실하게 인식하도록 해야 한다는 거야. 그럼 지금까지 나온 말하기의 구체적인 상황들을 정리하면 이렇게 되겠구나."

멘토의 말이 끝나자 스크린이 내려왔다.

> 회의 보통 권력 관계가 성립되어 있다.
> 토론 회의에 비해 대등한 관계의 구성원으로 되어 있다.
> 발표 1인 발표, 집단 발표, 공식적 발표, 비공식적 발표, 연설 등을 포함한다.
> 면접 권력 관계가 개입되어 있으며 자신을 증명해야만 한다.

"그리고 여기에 한 가지를 더 보탠다면 사교 모임이 있겠지. 이제부터 각각의 상황에 대해서 좀 더 구체적인 가이드를 알아볼까?"

토론의 기술

무엇보다도 잘 듣는 것이 중요하고, 결론부터 말해야 한다.

| 잘 들어야 잘 말할 수 있다 |

"우선 토론에 대해 말해 보자. 토론을 할 때 가장 중요한 점이 뭐라고 생각하느냐?"

"음…. 그건 이미 말씀하신 것 아닌가요? 목소리가 커야죠. 왜 그런 말도 있지 않습니까? 목소리 큰 사람이 이긴다고요."

현민의 대답을 들은 멘토는 우리나라 토론 문화에 대해 개탄을 금치 못하며 목청을 높였다.

"바로 그런 생각 때문에 우리나라 사람들이 토론에 약하다는 말을 듣는 거다. 다른 사람의 말은 듣지 않고 무조건 자신의 주장만 소리 높여 말하기 때문에 토론이 안 되는 거라고. 제대로 된 토론을 하기 위해서는 무엇보다 다른 사람의 이야기를 잘 들는 것이 중요해."

"잠깐만요. 말하기에 대한 강의인데 잘 듣는 법을 말씀하신다는 건가요?"

"그렇지. 듣는 것이 얼마나 중요한지를 말하려는 것이다. 왜?"

"듣는 거야 그냥 주의 깊게 들으면 되는 것 아닙니까? 말하기와 듣기는 상호작용이기 때문에 듣기를 소홀히 하면 말하기도 잘 안 된다, 즉 듣기가 말하기의 시작이라고까지 말할 수 있다. 뭐 그런 말씀 하시려는 거 아닙니까?"

"캬, 서당 개 삼 년이면 풍월을 읊는다더니 제법인걸!"

"맞는다면 그냥 다음으로 넘어가죠."

현민이 멘토의 칭찬에 흥분돼 거들먹거리며 말했다.

"건방을 떠는구나. 네가 말한 것이 다 맞다. 하지만 특히 토론에서는 상대방의 말을 잘 들어야 그에 대한 반론을 제시할 수 있기 때문에 다른 말하기에 비해 듣는 것이 무엇보다도 중요하지. 상대방이 말하는 초점을 잘 들어야 자신도 그 초점에서 벗어나지 않게 말할 수 있거든. 듣기의 일반적인 기술 몇 가지를 알려줄 테니 오버하지 말고 들어라."

"아, 구체적 기술이요. 그게 뭔데요?"

"다 아는 것이지만 정리를 해 보자. 우선 사소한 것을 놓치면 안 돼. 말하는 사람의 제스처, 억양, 손동작, 목소리의 윤기 등 사소한 것들에 유의해야 된다. 왜냐하면 말하기는 앞서 말했듯이 내용보다는 표현력의 문제이므로 말하는 사람이 겉으로 표현하는 것들을 통해 그 사람의 마음을 꿰뚫어 보면 자신이 말하기가 한결 수월하기 때문이야. 다시 말해서 상대방의 심리 상태를 알아야 대응이 쉽다는 거지."

"상대를 알기 위해서 사소한 것들을 놓치지 말아야 한다는 말씀이시죠?"

"그렇지. 상대의 내면을 알면 그때그때 대처하기 쉽다는 거야. 왜냐? 말하기와 듣기는 상호작용이기 때문에 상대를 아는 것이 필수라는 거지."

"사소한 동작들이 무엇을 뜻하는지는 어떻게 압니까?"

"그것은 이미 많은 책에 나와 있다. 따라서 여기에서 다시 다룰 필요는 없을 것 같다."

"네에. 그럼 그것 말고 또 어떤 것이 있나요?"

"말하는 사람의 눈을 봐야 한다는 것이다. 그래야 심리 상태를 파악하기 쉽고 말하는 사람에게 집중하기 용이하지. 상대방의 눈을 응시해야 기 싸움에서 이길 수 있거든. 앞으로 더 자세히 말하겠지만 말하기나 토론은 기 싸움이거든."

"눈을 째려보라는 것은 물론 아니겠죠?"

현민이 장난기 어린 표정으로 물었다.

"그러고 싶냐? 찬찬히 그러나 힘을 주어서 집중하라는 것이야."

"사소한 것을 놓치지 말고 눈을 보라는 것 외에 또 어떤 것이 있습니까?"

"메모를 해야 돼. 메모를 하면 상대방이 한 말을 놓치지 않게 돼 반격을 할 때 한결 수월하기 때문이야. 근거를 가지고 반론을 펴야 힘이 있고 자신감이 생기게 되는 거니까. 또 하나의 효과는 말하는 사람이 긴장을 하게 된다는 거야. 자기가 한 얘기를 메모하고 있으니 아무래도 신경이 쓰이게 된다는 거지. 게다가 토론회의 경우 메모 하는 모습을 보이면 참석자들에게 신뢰감을 줄 수 있지. 뭔가 성실한 사람이다. 꼼꼼하구나. 뭐 이런 이미지를 줄 수 있다는 거야."

"호오, 메모를 하는 것이 의외로 효과가 좋군요. 저도 메모해야겠다는 생각이 들어요."

"생각만 하지 말고 꼭 메모를 하도록 해라."

현민은 앞으로 메모하는 습관을 들여야겠다고 다짐하며 큰 소리로 대답했다.

"예, 알겠습니다."

"하나 더 있는데, 그것은 상대방이 말을 하면 리액션을 취하라는 것이야. 리액션이라고 하니까 뭐 대단한 것 같지만 사실은 별 거 아니야. 상대방이 말을 하면 고개를 끄덕인다든지 약간 인상을 쓴다든지 진지한 표정을 짓는다든지 뭐 이런 걸 말하는 것이지. 간단히 말해서 간간이 상대방의 말에 몸짓이나 표정으로 반응을 보이라는 거야. 이런 반응을 보이지 않으면 상대방은 자신이 무시당한다고 생각할 수도 있고, 또 전체적으로 말하기와 듣기의 상호관계가 깨져 원활하게 진행되고 있다는 인상을 줄 수가 없지."

"리액션이라는 것은 듣는 사람에게 해당되는 것이네요."

"당연하지. 말하기가 액션이라면 듣는 사람의 반응을 리액션이라고 할 수 있겠지."

"아무런 반응도 나타내지 않는 청중이 되지 말라는 말씀인가요?"

"그런 말이지. 예를 들어 가수가 무대에 서서 노래를 부르는데 청중이 아무런 반응도 없이 듣기만 한다면 가수는 기가 꺾이거나 풀이 죽을 거야. 청중이 박수도 치고 열광하는 반응을 보여야 가수도 신이 나서 더 노래를 잘 하겠지. 말하기도 마찬가지야. 가수에 대한 반응과는 다르겠지만 어떤 형태로든 반응을 보여야 한다는 것을 잊지 말라는 것이지."

"질문이 있는데요. 만약에 얘기를 들었는데 영 마음에 안 들고 말도 안 된다는 생각이 들면 어떤 반응을 보여야 하나요? 표정에 기분이 나쁘다는 것이 드러나도 될까요?"

"어떻게 하는 게 좋을 것 같으냐?"

질문을 던진 멘토는 현민의 얼굴이 금세 일그러지는 것을 보았다. 질문은 자기가 먼저 했는데 왜 그걸 도로 자신한테 묻느냐는 표정이었다. 아무래도 퉁명스런 말이 튀어나올 것 같았다. 멘토는 서둘러 입을 열었다.

"첫 번째 방법은 무표정하게 있는 것이지. 하지만 무표정은 반응으로는 좋지가 않아. 상대방으로 하여금 벽에 대고 말하는 기분이 들게 하니까. 두 번째 방법은 노골적으로 기분이 좋지 않다는 표정이나 태도를 보이는 거야. 이렇게 하면 말하는 사람에게 자신의 메시지를 확실하게 전할 수는 있겠으나 분위기는 나빠지겠지. 감정적이거나 험악해질 가능성이 높지. 따라서 세 번째 방법이 괜찮아. 즉 기분 나쁘다는 표정은 감추고 대신 진지한 표정으로 상대방의 눈을 더 열심히 보는 거지. 어떤 말하기나 듣기에서도 진지함은 항상 제일 덕목이기 때문에 비난받을 가능성은 거의 없다고 할 수 있지. 자신의 생각과 다른 말을 할수록 더 진지한 자세로 상대방을 응시하면 된다는 거야."

"그럴듯합니다."

"그럴듯하다니? 그런 거지. 이제 토론의 두 번째 방법으로 넘어가 보자."

07 이것만은 꼭!

듣는 기술이 곧 토론에서 이기는 기술이다!

토론에서는 다른 말하기에 비해 듣는 것이 무엇보다도 중요하다.

우선 말하는 사람의 제스처, 억양, 손동작, 목소리의 윤기 등 사소한 것들에 유의해야 된다. 이를 통해 말하는 사람의 마음을 꿰뚫어 볼 수 있기 때문이다.

다음으로 말하는 사람의 눈을 찬찬히 그러나 힘주어서 보라는 것. 그래야 심리 상태를 파악하기 쉽고 화자에게 집중하기 용이하다.

세 번째로 메모를 해라. 메모를 하면 상대방이 한 말을 놓치지 않게 돼 반격할 때 한결 수월하기 때문이다. 또한 말하는 사람이 긴장하게 되고, 참석자들에게 신뢰감을 줄 수 있다.

끝으로 상대방의 말에 몸짓이나 표정으로 반응을 보이라는 것이다. 이런 반응을 보이지 않으면 상대방은 자신이 무시당한다고 생각할 수도 있고, 또 전체적으로 말하기와 듣기의 상호관계가 깨져 원활한 진행이 어렵다.

| **결론부터 말하라!** |

"텔레비전 프로 중 '심야토론'이나 '100분토론' 가끔 보냐?"

두 번째 방법을 알아보자더니 멘토는 대뜸 이렇게 물었다. 그게 뭐길래 갑자기 TV 프로를 들먹거리나. 차차 설명을 할 테니 들어보면 알 테고, 어쨌든 토론 프로그램이니 뭔가 연관이 있겠지. 생각을 마무리한 현민이 대답했다.

"예, 가끔 봅니다."

"출연자 중 가장 짜증나는 타입은 어떤 사람들이냐?"

"글쎄요. 무슨 말을 하는지 알기 어려운 사람 아닐까요?"

"왜 무슨 말을 하는지 알기 어려울까?"

"그거야 말을 조리 없게 하거나 너무 어려운 용어를 쓰거나 내용이 없기 때문 아닐까요?"

"맞는 말이다. 하지만 더 중요한 이유가 있어. 그것은 바로 자신이 말하고자 하는 바를 먼저 하지 않고 말의 중간이나 끝에 가서 하기 때문이야. 예를 들어 스크린 쿼터 축소에 대해 토론을 할 때 '저는 스크린 쿼터 축소에 반대합니다.' 이런 식으로 결론부터 말해 놓고 시작하는 것이 좋다는 거지. 그러면 듣는 사람은 '아, 저 사람은 반대하는구나.' 하고 명료하게 알 수 있고, 그 다음으로 '그렇다면 왜 반대하는 걸까?' 하는 궁금증을 갖게 되지. 즉 자신의 입장을 먼저 밝히고 토론에 임해야 입장이 명확해지고 다음 진행에 긴박감이 생긴다는 거야."

가만히 멘토의 설명을 듣고 있던 현민이 궁금한 게 생긴 듯 입을 열었다.

"질문이 있습니다. 말씀하신 대로 자신의 입장을 먼저 밝히는 건 좋은데 매번 스크린 쿼터 축소에 반대한다는 말로 시작할 수는 없지 않습니까. 매번 상황이 바뀌는데 그럴 때는 어떻게 합니까?"

"좋은 질문이야. 하지만 답은 단순하지. 상황에 따라 자신의 의견이 있을 테고 그것의 결론이 있을 것 아니겠냐? 그렇다면 또 자신의 의견 중 결론을 먼저 말하면 되는 거지. 예를 들어 토론 중 '한국 영화가 스크린 쿼터가 축소되어도 경쟁력이 있겠느냐'는 문제가 나오면, '저는 그런 경우라도 경쟁력이 있다고 생각합니다.'로 시작해서 그 이유를 열거하는 것이 좋다는 말이지."

다음으로 넘어가기 전 멘토는 현민이 이해했는지를 살피더니 이내 설명을 계속해 나갔다.

"결론부터 말하는 것이 왜 좋은지 이유가 더 있다."

"또 있어요?"

"암, 그것은 듣는 사람들은 보통 인내심이 없기 때문이다. 즉 듣는 사람은 '그래서 도대체 무슨 말을 하려는 거야?'라는 마음을 언제나 품고 있다는 거지. 따라서 즉시즉시 그런 궁금증을 풀어 주지 않으면 사람들을 잡아 둘 수 없다는 말이다. 청중을 잡아 두기 위해서는 결론부터 말하는 것이 좋겠지. 결론을 먼저 알면 기본적인 궁금증은 해소된 것이니까 여유 있게 결론의 이유를 듣게 된다는 거야. 이것이 아주 중요한 이유지. 그리고 하나 더 명심해야 할 것은 앞에서 얘기했던 간단명료하고 짧게 말하는 것이다. 물론 다른 종류의 말하기에서도 중요하기는 하지만 토론을 할 때에는 더욱 더 필요하지. 즉 결론부터 이야기한 다음 간단명료하게 자신의 주장을 이야기하면 청중에게 강한 인상을 남길 수 있다는 거야. 결국 어떤 인상을 남기느냐가 승부를 가르는 것이니까."

"그렇군요."

"또 결론부터 말하면 토론에서 공격적으로 보이는 장점도 있어. 즉 나는 이렇게 생각한다고 먼저 내놓으면 자신감이 있어 보여서 다소 공격적으로 보이게 된다는 거지."

"자신감을 보이는 것이 중요하다는 말씀이지요?"

"그렇지. 자신감이 없어 보이면 상대방이 얕잡아 보거든. 그리고 듣는 사람을 설득하는 힘도 자연히 약해지게 마련이지. 왜 이런 말이 있잖아. 여자든 남자든 예쁘거나 잘 생긴 사람보다는 자신감 있는 사람이 더 호감을 준다는."

"결국 토론에서는 결론부터 말해야 인상을 선명하게 줄 수 있고 토론이 효율적으로 이루어질 수 있다는 말씀이죠?"

"그렇지."

"그럼 결론부터 말하는 원칙은 토론에만 해당하는 건가요?"

"반드시 그런 건 아니야. 결론부터 말하는 것은 주로 토론이나 발표회처럼 권력 관계가 분명하지 않을 때 사용할 수 있는 원칙이지. 예를 들어 사장, 이사 등등 회사 임원들이 줄줄이 들어온 회의에서 이런 방법은 오히려 역효과를 가져올 수 있어. 사장 이하 과장까지 모두 참석하는 연석회의의 경우 사실상 회의의 결론은 회의 시작 전부터 나 있는 것이 일반적이거든. 사정이 이렇다면 먼저 나서서 이러쿵저러쿵 할 필요가 없다는 거야. 그냥 자리를 지키고 전달 사항을 잘 들으면 되는 것이지. 괜히 나섰다가 찍히는 수가 있거든."

"말씀은 맞는 것 같지만 그래도 비겁하지 않나요. 좋은 의견이 있으면 회의석상에서 발언을 해야지 어차피 결론은 사장이 내는 거니까 보신이나 해야겠다는 것은 별로 바람직하지 않아 보이는데요."

현민이 멘토의 말에 수긍할 수 없다는 듯 못마땅한 표정을 지으며 얘기했다.

"그렇게 보이긴 해도 사실은 그게 바람직한 거야. 기회에 임해야지 기회가 아닌데 괜히 임하는 것은 낭비일 뿐만 아니라 자신을 해하는 일이기까지 하지. 기회가 아니라면 물러설 줄도 알아야 돼. 자, 그럼 토론에 대한 이야기는 이쯤에서 정리하고 발표로 넘어가 보자."

08 이것만은 꼭!

자신감 있게 결론부터 말하라.

자신의 입장을 먼저 밝히라는 얘기다. 이는 주로 토론이나 발표회처럼 권력 관계가 분명하지 않을 때 사용할 수 있는 원칙이다.

이렇게 함으로써 얻을 수 있는 유익은 입장이 명확해지고 다음 진행에 긴박감이 생긴다는 것이다. 또한 인내심이 없는 청중들을 붙잡아 둘 수 있다. 그리고 나는 이렇게 생각한다고 결론부터 먼저 내 놓으면 자신감이 있어 보여 다소 공격적으로 보이는 장점도 있다.

결론부터 말하되 간단명료하고 짧게 말하는 게 중요하다. 즉 결론부터 이야기한 다음에 간단명료하게 자신의 주장을 말하면 청중에게 강한 인상을 남길 수 있는데 결국 어떤 인상을 남기느냐가 승부를 가르는 것이기에 이는 매우 중요하다고 할 수 있다.

발표의 기술

논증과 예로 된 짧은 메모를 가지고 청중과 함께 호흡하는 게 중요하다.

| 시작은 흥미롭게, 결론은 강하게! |

"기대가 되네요. 이제 명강사의 연설 노하우를 배울 차례인가요?"

현민이 웃으며 응대했다.

"부담을 팍팍 주는구나. 토론에서 결론부터 말하는 이유 중의 하나가 강한 인상을 주기 때문이라고 했지. 발표나 연설도 특히나 많은 사람들 앞에서 말을 해야 하는 것이기 때문에 처음에 사람들의 시선을 끄는 것이 중요해."

"영화에서도 초반의 5분이 가장 중요하고, 사람들도 처음 만났을 때 첫인상이 결정되는 것은 채 3초가 걸리지 않는다는 것과 마찬가지 이유겠죠."

"이런, 이제 네가 나보다 앞서 나가는구나."

"이 정도야 기본 아니겠습니까?"

현민은 멘토한테 인정을 받는 것 같아 흐뭇한 미소를 지으며 말했다.

"그만큼 처음 시작이 중요하다는 말이야. 발표도 마찬가지지. 연설이나 발표의 경우는 최소한 30분 이상 지속되는 것이 보통인데 초반에 시선을 끄는 데 실패하면 나머지 시간 동안 아주 고전하게 되지."

"그렇다면 어떻게 사람들의 시선을 끌 수 있을까요?"

"그건 발표의 종류에 따라 다른데, 발표는 크게 두 가지 종류가 있단다. 하나는 정보 전달을 목적으로 하는 것이고, 다른 하나는 자신의 주장을 펼치는 것을 목적으로 하는 것이지. 청중이 어떤 사람들인지, 연설의 주제가 무엇인지에 따라 어떻게 시작할 것인지를 결정해야 한다. 예를 들어 어려운 주제를 다룰 때는 처음에는 누구나 알 수 있는 쉽고 일상적인 사례에서 시작하는 것이 좋고, 딱딱하고 논쟁적인 주제를 다룰 때는 결론을 먼저 말하는 것이 더 좋다고 할 수 있겠지."

"왜 그런가요?"

"보통 정보 전달을 목적으로 하는 강연은 전문 지식을 대중에게 알리는 경우가 대부분이거든. 예컨대 '비만은 질병인가?'라는 제목으로 강연을 하게 된다면 비만에 대한 정보를 알리고자 하는 것이지. 이런 경우는 쉬운 예부터 시작하는 게 좋다는 거야. 예를 들면 이런 식이지. '여러분, 다이어트 한다고 풀만 먹는 사람, 주변에 심심찮게 있습니다. 그런 사람 가끔 보시죠? 그런데 과연 그럴까요? 소를 보세요. 매일 풀만 먹어도 소고기에 비계 많습니다. 왜 그럴까요?'"

현민은 명강사 멘토의 노하우를 하나라도 놓치지 않으려고 집중했다. 아니나 다를까 설명을 듣다 보니 고개가 절로 끄덕여지며 '으흠, 저런 식으로 하는 거구나'라는 생각이 들며, 마음 깊은 곳에서 자신감이 조금 생기는 것 같았다.

"그러니까 정보 전달을 위한 강연에서는 도입을 부드럽고 친근하게 하라는 말씀이죠?"

"좋아, 좋아."

"자신의 주장을 펼치는 강연에서는 결론부터 말하는 것이 더 효과적이라고 했는데, 그 이유는 뭡니까? 청중을 긴장시키기 위해서인가요?"

"뭐 하러 청중을 긴장시키겠느냐. 그게 아니고 자신의 주장을 강하게 말하는 강연인 경우는 보통 논쟁적인 주제를 다루게 마련이거든. 예를 들어 '북한의 인권 문제에 대해 우리 정부는 어떤 태도를 취해야 하는가?'라는 주제를 다루는 강연이라면 청중들은 연사가 과연 어떤 입장인가를 먼저 알고 싶어한다는 거야. 빙빙 돌려서 이것도 저것도 아닌 강연이 아니라 딱 부러지게 한쪽에 서서 인상적인 강연을 하기를 바란다는 얘기지. 비록 연사의 주장에 동의하지 않더라도 도대체 반대쪽은 어떤 논리로 그런 주장을 하는지를 분명히 알 수 있으니 강연을 들은 본전은 하는 셈이지."

"그럴 것 같기도 합니다."

"그럴 것 같다고? 그런 거지. 이렇게 청중의 시선을 끌며 시작했다면 일단은 안심해도 좋아. 왜 우리 속담에도 있지 않느냐, 시작이 반이라고. 그 다음에는 미리 준비해 온, 자신이 하고 싶은 말을 시작하는 거야. 그리고 마지막에 자신이 했던 이야기를 함축해서 마무리를 해 주면 성공적인 발표라고 할 수 있지. 하지만 가능하면 마무리에서도 강한 인상을 남기는 것이 좋아."

"마무리는 그냥 앞에서 했던 이야기를 정리해 주면 되는 것 아닌가요?"

"물론 그래도 괜찮지만 그럴 경우 앞에서는 훌륭하게 시작했는데 마지막은 좀 밋밋하다는 느낌을 줄 수 있어. 시작 부분에 청중의 시선을 끌기 위한 장치가 필요했다면 마무리에서는 발표가 끝난 후에도 여운을 남기는 장치가 필요한 법이지. 그래야 기억에 오래 남는 발표였다는 인상을 줄 수 있거든."

시작만 잘 하면 되는 게 아니구나. 마무리에서도 강한 인상, 여운을 남겨야 한다고? 세상에 쉬운 게 하나도 없구나. 근데 무슨 방법이 없나? 그래, 모르면 물어봐야지 별 수 있나.

"여운을 남기기 위해서는 어떤 방법이 있을까요?"

"유명 인사의 명언이나 일화를 소개해 주는 것도 좋은 방법이고, 앞에서 말한 비만에 관한 강연일 경우에는 청중들에게 다이어트에 대한 확신과 의지를 심어 주는 방법이 좋겠지. 자, 이제 발표나 강연에 대해서 감을 잡을 수 있겠느냐?"

"감은 오는 것 같은데…. 시작과 마무리를 알려주셨으니 이제 가운데, 즉 발표 내용을 어떻게 얘기하는지도 알려주셔야죠."

09 이것만은 꼭!

초반에 청중의 시선을 끌어라!

발표는 크게 정보를 전달하는 것과 자신의 주장을 펼치는 것으로 나뉜다. 연설이나 발표의 경우 최소한 30분 이상 지속되는 것이 보통인데 초반에 시선을 끄는 데 실패하면 나머지 시간 동안 고전하게 된다. 따라서 처음에 사람들의 시선을 끄는 것이 중요하다.

청중이 어떤 사람들인지, 연설의 주제가 무엇인지에 따라 어떻게 시작할 것인지를 결정해야 한다. 보통 정보 전달을 목적으로 하는 강연은 전문 지식을 대중에게 알리는 경우가 대부분인데, 이 경우 처음에는 누구나 알 수 있는 쉽고 일상적인 사례에서 시작하는 것이 좋다. 딱딱하고 논쟁적인 주제를 다룰 때, 즉 자신의 주장을 펼치는 강연에서는 결론부터 말하는 것이 더 효과적이다.

시작 부분에 청중의 시선을 끌기 위한 장치가 필요했다면 마무리에서도 강한 인상을 주기 위한 장치가 필요하다. 발표가 끝난 후에도 여운을 남기기 위해서는 유명 인사의 명언이나 일화를 소개해 주는 것도 한 방법이다.

| 짧은 메모는 논증과 예로 하라 |

"보통 발표나 연설을 하라고 하면 준비된 원고를 앞에서 줄줄 읽고 있는 사람이 있어. 하지만 이래선 절대 안 된다는 거야. 부자연스러울 뿐 아니라 청중과 함께 호흡하지 못해서 결국 전달력이 떨어지지."

"아, 저도 그런 얘기 많이 들었습니다. 하지만 원고를 그대로 읽는 경우도 있지요?"

"물론이지. 공식적인 연설 같은 경우는 프롬프터를 이용해 그대로 읽지. 대통령의 대국민 연설도 원고대로 읽는 거겠지. 하지만 일반적인 발표나 연설의 경우는 원고가 준비는 되겠지만 원고대로 읽으면 청중은 딴생각을 하게 되지."

"그러면 어떻게 해야 하나요?"

"보통은 메모를 들고 하지. 영국이나 일본의 국회의사당에서는 메모 외에는 들고 올라갈 수 없도록 되어 있거든. 반면 우리나라에서는 의원들이 원고를 들고 올라가 거의 그대로 읽느라고 시선 처리가 매우 불안하지."

으흠, 원고를 들고 연설하는 게 아니라 메모를 들고 한다는 말이지. 그게 가능할까? 하긴 메모를 어느 정도의 길이로 하느냐, 또 어떤 내용으로 구성하느냐에 따라 달라지겠지. 생각을 정리한 현민이 질문했다.

"메모를 들고 연설한다면 거기에는 무엇을 적나요?"

"무얼 적을 것 같냐, 네 생각에는?"

"글쎄요. 제목하고 요약한 것, 아니면 키워드 몇 개…. 잘 모르겠는데요."

"실제로 본 이야기 하나 해 줄게. 어떤 사람이 연설을 하기로 되어 있었는데 엄청 열심히 준비를 해 온 거야. 장문의 원고를 작성한 것은 물론이고 메모를 따로 작성해 왔는데 막상 발표에 들어가니까 헤매는 거야. 왜냐? 메모한 내용이 너무 많았던 거지. 자신이 생각하기에는 줄여서 메모를 해 왔다고 여겼는데 실제는 아니었던 거야. 이것도 얘기해야 할 것 같고, 이것을 얘기하자면 또 저것을 꼭 얘기해야 할 것 같았던 거지. 메모를 해 오긴 했는데 잘못 해 온 거야. 그래서…."

급한 마음에 현민이 끼어들었다.

"그래서 어떻게 하면 되는 건데요?"

"메모는 간단하게 하되 논증 형태로 해야 된다는 거야. 무슨 말이냐 하면 논증 형식을 취해서 전제와 결론을 쓰고 그것을 바탕으로 하면 된다는 거야. 무슨 말인지 모르겠지?"

"예. 잘 와 닿지 않는데요."

"그럴 줄 알고 예를 준비했다. 스크린 쿼터를 축소해야 한다는 주장을 하려는 사람이 있다고 해 보자. 이때 이 사람이 준비해야 할 메모는 왜 스크린 쿼터를 현행보다 축소해도 괜찮은가에 대한 이유를 제시하여 청중을 설득하는 것이겠지. 그렇다면 다음과 같은 논증이 필요할 것이다."

논증이 실린 스크린 화면이 보였다.

> 전제1 한국 영화의 시장 점유율은 2005년 59%로 3년 연속 50% 이상을 기록했다. 한국 영화의 경쟁력이 증명되었으므로 더 이상 스크린 쿼터를 유지할 이유가 없다.
>
> 전제2 한미 자유무역협정(FTA) 체결은 한국에 많은 경제적 이득을 안겨 줄 것인데 스크린 쿼터 문제로 협정 체결이 지연되어서는 안 된다. 지난해 대미 수출 성장률이 마이너스 5%를 기록하여 수출 전선에 적신호가 이미 켜졌다.
>
> 전제3 배급 시장의 판도도 달라져 지난해 가장 많은 외화를 배급한 워너브라더스 코리아가 공급한 영화는 11편인 반면 CJ엔터테인먼트가 41편, 쇼박스가 25편을 공급하여 외국 배급사의 횡포를 운운하기는 어려운 상황이다.
>
> 전제4 1988년 UIP 직배로 인해 한국 영화가 고사될 것이라며 격렬한 반대가 있었으나 오히려 한국 영화는 그 후 더 경쟁력이 강해졌다.
>
> 결론 한국 영화의 스크린 쿼터는 축소되어도 무방하다.

이게 메모라고? 간단하게 한다더니 이 정도면 긴 거 아닌가? 자료를 읽으면서 현민은 이런 생각이 들었다. 바로 그때 멘토의 음성이 들렸다.

"어때, 간단한 메모로 보이지 않느냐?"

"아니오. 전혀 간단해 보이지 않는데요. 이 정도면 긴 거 아닙니까?"

"그래? 키워드만 몇 개 있는 것보다는 길겠지만 이 정도는 길다고 할 수 없지. 왜냐? 보통 발표나 연설이 1시간 정도라고 하면 이는 생각보다 긴 시간이거든. 실제로 한 10분 정도만 얘기하면 더 이상 할 말도 없어. 따라서 이 정도의 메모는 돼야 1시간을 때울 수 있기 때문이지."

"1시간이 정말 그렇게 긴가요?"

"텔레비전 토론을 봐라. 한 사람이 5분 정도 계속 발언하면 너무 길어서 짜증나려고 하지. 보통 사회자가 시간을 1분으로 제한해도 할 말은 다 할 수 있어. 알겠냐?"

"그렇다 치고요. 그래서 메모는 논증 형식으로 해야 한다는 말씀인데, 특별한 이유가 있습니까? 그냥 요약 정리해서 문장으로 쭉 써 가면 안 되나요?"

"좋은 질문이다. 왜 논증 형식을 고집하는가 하면 그렇게 해야 발표나 연설에 긴박감이 있고 논리적으로 보이기 때문이지. 발표나 연설이 긴박감이 있고 논리 정연하게 보이면 그만큼 청중의 반응도 좋기 때문이야. 논증은 그런 힘이 있어."

"논증이 무슨 이유에서 그런 힘이 있나요? 특별히 다른 점이 없어 보이는대요. 진제와 결론을 나누고 전세에 번호를 붙이는 것 빼고는."

"그건 겉보기에 그렇다는 것이고, 논증이 왜 효과적인가 하면 논증은 근거를 가지고 자신의 주장을 하는 형식이기 때문이지. 그냥 자신의 주장만 늘어놓으면 긴박감이 생길 수 없어. 같은 주장의 반복일 뿐이니까. 또 주장을 하고 근거를 댄다고 해도 조직적으로 대지 않으면 역시 긴박감이 떨어지지. 논증이란 조직화

된 근거를 가지고 주장을 하는 구조이기 때문에 긴박감과 함께 논리성을 줄 수 있다는 거야. 그래서 효과적이지."

"그럴 것 같기도 하네요. 토론에서 어떤 문제에 대해 그 이유는 첫째, 둘째 하면서 말하는 사람 보면 왠지 신뢰가 가더라고요. 그것도 일종의 논증인가요?"

"그럴 경우가 많지. 주장을 하고 그 이유를 대는 것이니까."

"그럼 논증을 메모 형식으로 갖고 발표할 때 전제를 하나씩 읽어 나가면 되나요?"

"여기서 잠깐! 말하기가 내용보다는 표현력이라는 앞의 논의를 상기해 보자. 적어도 내용과 표현력의 비중이 반반이라고 할 수 있지 않았냐. 그러니 논증은 최소한의 내용이라고 보면 돼. 무슨 말이냐 하면 발표에 이 내용이 절대 빠지면 안 된다는 것이지. 하지만 주의할 점이 있어."

잠깐 위를 올려다보더니 멘토가 다시 말을 이었다.

"뭐냐 하면 메모를 놓고 여유를 가져야 한다는 거야. 즉 메모된 논증을 전하기만 하면 되니까 부담 갖지 말고, 어떻게 1시간 중 50분을 재미나게 채울 것인가를 고민해야 한다는 얘기다. 논증의 내용이야 아까 말한 대로 10분이면 끝나지. 따라서 그 내용을 어떻게 전달해야 더 효과적인가 하는 점이 중요한 문제가 된다는 거야. 이런 점에서 말하기에서 표현력이 중요하다고 할 수 있지."

"그럼 어떻게 50분을 지루하지 않게 할 수 있나요? 비법이 있습니까?"

"구체적인 비법 전에 기본적인 것을 말해 보자. 우선 내용은 10분이면 되니까 전제나 결론에 적당한 예를 준비하는 게 중요하지. 사람들은 예를 통해 이야기하면 좋아하거든. 너도 그렇지 않느냐."

"예. 저도 예를 들거나 비유를 들거나 하는 게 좋습니다. 그러면 쉽잖아요."

"그렇지. 따라서 적당한 예나 비유를 찾는 게 아주 중요하지. 예를 들어 우연히 일어난 일을 일반화해서는 안 된다, 본질을 다시 봐야 한다는 말을 하고 싶을 때 중국의 법가 사상가인 한비의 예도 괜찮다는 거야."

"어떤 건데요?"

"수주대토(守株待兎)라고, 우연히 나무 아래서 죽은 토끼 한 마리를 건진 농부가 아예 농사를 작파하고 토끼들이 그렇게 와서 받혀 죽기를 기다리고 있다는 얘기야. 이런 예가 스크린 쿼터에도 적용될 수 있을까? 한국 영화의 점유율이 높은 것은 어쩌면 우연히 나무 아래서 죽은 토끼 한 마리를 건진 것인지도 몰라. 그길 보고 농부가 농사 걷어치웠듯이 스크린 쿼터 축소하사고 하는 것인지도 모르지. 한국 영화가 과연 경쟁력이 있는가? 있다면 왜 외국에서는 흥행에 성공하지 못하는가? 이런 본질적인 질문을 던져야 한다는 것이지. 어쨌든 이런 예나 비유를 적절히 구사하는 것이 말하기의 성공과 직결된다는 거야."

"그럼 발표에 쓸 예나 비유도 메모해야 하나요?"

"물론이지. 논증과 함께 사용할 예나 비유를 반드시 메모해서 함께 갖고 있어야 해. 그런데 중심은 일단 내용인 논증에 있잖아. 그러니 전제 하나하나를 말하면서 그에 해당하는 준비된 예나 비유를 드는 거야. 청중이 예만 이해해도 무슨 말을 하려고 하는지 알 수 있을 정도가 돼야 하는 거지."

"그럼 예나 비유를 평소에 많이 알고 있어야겠네요."

"두말하면 잔소리지. 평소에 많이 준비하고 있어야 필요할 때 써먹을 수 있겠지. 한 가지 유용한 이야기를 소개해 주지. 중국의 묵가 학파는 귀신이 없다고 하면서 제사의 예법을 배우는 것은 마치 물고기가 없다고 하면서 그물을 던지는 것과 같다고 했다. 이런 말은 써먹을 데가 꽤 많겠지. 예를 들어 한류가 한국 문화의 힘을 보여준다고 하면서 스크린 쿼터를 사수하려고 하는 것은 마치 물고기가 없다고 하면서 그물을 던지는 것과 같다. 이런 식으로 사용할 수 있나? 잘 모르겠네. 어쨌든 이런 예나 비유를 평소에 준비해야 한다는 거야."

"그렇다면 발표를 할 때 논증 메모와 함께 예나 비유도 준비해야 한다는 것이지요?"

"그렇지."

| 청중과 공감하라 |

"발표에 대해 마지막으로 한 가지 더 얘기할 게 있다."
"그게 뭔가요?"

마지막이라는 말에 현민이 궁금한 듯 질문했다.

"예를 들어 시험을 본다고 하자. 시험공부도 많이 하고 문제도 충분히 풀었다면 시험 볼 때 한결 마음이 가벼워서 시험을 더 잘 보지 않겠냐. 반대로 준비가 부족하다면 불안이 가중되어 시험을 망치겠지. 발표도 마찬가지야. 논증과 사례나 비유가 준비되었다면, 즉 메모가 충실하다면 이제는 쇼 타임이라는 것이지. 청중과 공감하며 마음껏 즐기는 자세가 필요해. 다시 말해 너무 완벽하게 잘 하려고 하지 말라는 거야. 빈틈없이 구성을 짜고, 말하는 순서를 정하고, 필요한 제스처를 연습하고, 발성 연습을 해도, 즐기는 마음이 없다면 잘 작동하는 로봇처럼 보이기 십상이니까."

"그래도 준비는 열심히 해야겠죠."

"그거야 당연하지. 앞에서 살펴본 '커뮤니케이션을 성공으로 이끄는 12가지 원칙'을 보아도 첫 번째가 다르게 그리고 일찍부터 준비하라는 것 아니었냐. 준비를 열심히 하는 것은 당연한 것이고, 발표할 때 쇼 타임으로 생각하고 즐기느냐 아니냐가 말하기의 성패를 가르는 가장 중요한 요소가 아닌가 생각한다."

"발표를 쇼처럼 즐겨라! 이런 말씀이네요. 그래도 쇼라는 말은 좀 그렇지 않나요?"

현민은 얼른 이해가 안 간다는 표정이었다.

"왜, 쇼가 어때서? 쇼는 즐겁고 좋은 거잖아. 무대와 객석이 함께 어우러지는 흥겨운 자리, 그게 바로 쇼 아니냐? 기억하고 있지? 말하기란 화자와 청중의 공동 퍼포먼스라는 말. 화자와 청중이 얼마나 잘 어우러지느냐에 따라 발표의 성패가 갈린다고 할 수 있어."

"구체적으로 설명해 주시면 안 될까요?"

"그러자꾸나. 앞서 설명한 대로 발표 준비가 끝났다고 치자. 그리고 발표장에 섰다고 해 보자. 그때 자신이 준비한 것을 완벽하게 발표해야겠다는 생각에 치중하게 되면 자칫 청중의 반응을 놓칠 수 있다는 거야. 아무리 완벽하게 준비했다고 해도 현장의 반응은 다를 수 있거든. 따라서 청중과 함께 호흡하는 게 중요하지. 발표하는 자신도 즐겁고, 그것을 듣는 청중도 즐거워야 한다는 얘기야. 그러기 위해서는 청중의 마음을 읽고 그들과 공감하려는 노력이 필요하겠지."

"네, 그런 얘기군요."

"앞부분에서 살펴본 '커뮤니케이션을 성공으로 이끄는 12가지 원칙'을 봐도 상당 부분이 청중에 관한 것임을 알 수 있다. '4. 청중의 기대, 의견, 동기, 참석이유를 고려한다.' 청중의 눈치를 살피라는 얘기지."

"청중을 고려하라는 것이지 눈치를 살피라는 얘기는 아닌 것 같은데요."

"어쨌든 청중에 대한 얘기지. '5. 청중이 적극적으로 참여하게 만든다.' 이 역시 청중에 관한 얘기고, '11. 토론을 통제한다. 어려운 질문이나 공격에 대응한다'는 것은 명백히 청중과의 관계를 말하고 있지. 또한 '12. 동기를 부여한다'는 것도 청중의 동기를 말하는 것이지. 그리고 '9. 무대공포증을 통제한다'는 것도 청중이 없다면 무대공포증도 없으므로 역시 청중과 관계된 것이지. 아, 그리고 '8. 기술적인 문제를 점검한다'도 해당되겠네."

"그렇게 따지면 몇 개 남지 않는데요?"

"몇 개가 남느냐?"

"세어 보죠. '1. 다르게 그리고 일찍부터 준비한다', '2. 표현법을 익힌다', '3. 공감노력과 카리스마라는 두 가지 핵심적인 요소를 활용한다', '6. 성공을 보장하며 시작하는 것이 중요하다', '7. 흥미로운 맺음말을 선택한다' 이 정도가 발표자가 청중과 관련을 덜 갖고 할 수 있는 것 같은데요."

"청중과 관련이 없는 것은 있을 수 없겠으나 그래도 상대적으로 관련이 덜하다고 할 수 있겠지. 따져 보면 12가지의 성공 원칙 중 상대적으로 청중과 더 관련되는 것과 발표자와 더 관련되는 것의 비율은 반반이라고 할 수 있겠지. 그만큼 말하는 사람이나 듣는 사람 둘 다 중요하다는 얘기지. 이걸 봐도 발표자가 청중과 함께 하지 않으면 안 된다는 걸 알 수 있지 않느냐? 자기 얘기만 줄줄 하는 게 아니라 청중의 반응을 살피며 그들이 원하는 것이 무엇인지를 간파해서 그들과 함께 호흡해야 한다는 것이다. 알겠느냐?"

"네, 알겠습니다."

10 이것만은 꼭!

논증의 형식으로 준비하고 청중과 함께 호흡하라.

발표나 연설을 위해서는 논증 형식을 취한 메모를 준비하는 것이 좋다. 논증 형식을 고집하는 이유는 발표나 연설에 긴박감이 있고 논리적으로 보이기 때문이다.

발표할 내용을 전제와 결론의 논증으로 만들고 각각의 근거를 제시한다. 아울러 전제나 결론에 적당한 예나 비유를 찾아 준비하는 것도 중요하다. 예나 비유를 통해 이야기하면 훨씬 이해하기 쉽기 때문이다.

발표 준비가 끝나고 발표장에 섰다고 해 보자. 그때 자신이 준비한 것을 완벽하게 발표해야겠다는 생각에 치중하게 되면 자칫 청중의 반응을 놓칠 수 있다. 아무리 완벽하게 준비했다고 해도 현장의 반응은 다를 수 있기 때문이다. 따라서 청중과 함께 호흡하는 게 중요하다. 발표하는 자신도 즐겁고, 그것을 듣는 청중도 즐거워야 한다는 얘기다. 그러기 위해서는 청중의 마음을 읽고 그들과 공감하려는 노력이 필요하다.

면접의 기술

겉이 아닌 속사람을 가꾸는 것이 면접에 성공하는 지름길이다.

| 성공하는 면접 방법 |

"자, 이번에는 요즘에 많은 젊은이들이 필요로 하는 말하기 현장으로 가 볼까? 취업하기가 하늘에 별 따기인 요즘 입사를 결정하는 최종 관문이 바로 면접 아니겠냐. 이에 대해 알아보자꾸나."

"맞습니다. 제 친구들의 최대 고민거리 중 하나이기도 합니다. 잘 배워서 알려줘야겠네요."

"그래라. 자, 그럼 시작해 보자. 먼저 한 가지 물어보마. 면접 시 주의 사항이 뭐라고 생각하느냐?"

"글쎄요. 여러 가지가 있지 않나요. 복장이라든가 태도라든가 뭐 그런 것들이요."

"내 그럴 줄 알고 준비했다. 면접에서 이것만은 지키라고 하는 것은 바로 이런 것들이다."

준비성도 밝지. 벌써 딱 준비해 놓았구나. 스크린 위에 '이것만큼은 꼭 지켜라' 라는 제목이 달린 면접 요령이 떠올랐다.

① 정확한 발음을 연습하라.
② 면접관과 눈을 맞춰라.
③ 문장을 이어줄 때 부드러운 단어를 자주 쓰라.
④ 남자는 감청색, 짙은 회색 정장이 무난.
⑤ 입사 희망 회사 정보 파악은 필수

—조선일보, 2005. 11. 21.

"어때, 다 알고 있는 거지? 그럼 해서는 안 되는 것도 덤으로 보자."

어느새 스크린 위에 '이런 말, 행동은 무조건 피해야' 라는 제목의 글이 올라왔다.

① 모범답안만 하는 사람은 NO.
② 독선적인 행동, 또는 튀는 행동은 삼가라.
③ 몸놀림을 조심하라.
④ 장황한 설명은 피하라.
⑤ 긴장하지 마라.

"어떠냐, 역시 다 알고 있는 얘기지? 새삼스러울 게 없을 거야. 면접 시 긴장하지 말고 몸놀림 조심하면서 튀는 행동 삼가고 길게 말하지 말고 외워서 답하지 말라는 것인데 면접에 가는 사람이라면 거의 다 알고 있다고 볼 수 있지. 문제는 얼마나 실천에 옮기느냐인데 그게 쉽지 않은 것이지."

"왜 알고 있는데 잘 안 되는 걸까요?"

"그건 한마디로 말하자면 내공의 깊이의 차이 때문이야. 무술영화에서 보는 것과 마찬가지라는 거지. 고수는 한눈에 고수를 알아보잖아, 상대방이 특별히 무엇을 하지 않아도. 경영층은 오랜 경험을 통해 나름대로 사람을 보는 안목과 기준을 갖고 있게 마련이지. 그것이 무엇인지는 사람마다 다르기 때문에 일률적으로 말하기는 어려워. 하지만 분명한 것은 내공이 깊은 사람은 알아본다는 거야. 그런데 내공이란 무엇이냐? 한마디로 속사람이지. 겉이 아닌 속사람의 됨됨이가 결국은 겉으로 풍겨 나오는 것이거든. 고수는 거적을 쓰고 있어도 고수의 분위기가 나는 법이야. 그러니 속사람을 가꾸는 것이 면접에 성공하는 지름길이지."

내공의 깊이니 속사람이니 하는 말은 너무 추상적으로 들렸다. 현민은 실제적인 것을 알고 싶은데 이건 아니다 싶었다.

"막연한 말씀이시네요. 그럼 검은 바지에 흰 양말 차림으로 가도 내공만 깊으면 면접에 합격할 수 있나요?"

"아, 면접 교본에 자주 나오는 예! 절대로 흰 양말을 신지 말라는 규칙이 있다는 거지? 그걸 깨도 통과할 수 있느냐고?"

"예."

"그럴 수도 있지. 양말을 신는데 흰색이 안 된다고 하는 이유는 바지 색과 어울리지 않기 때문 아니겠어? 하지만 사람에 따라 분위기가 다르기 때문에 어떤 사람은 정장에 흰색 양말을 신어도 어울릴 수가 있지. 보통은 어울리지 않는다는 거고. 오히려 이런 금기를 알고 역으로 이용할 수도 있어."

"역이용이요?"

"그래. 가령 면접관이 물어볼 수도 있잖아. '왜 흰 양말을 신었는가?'라고. 이때 고정관념을 깨고 싶었다든가 하는 식으로 답할 수 있지. 그게 통하는 직종인 경우엔."

"안 물어보면 꽝 되나요?"

"아니지. 자신이 스스로 말할 수 있지. 요점은 자신만의 분위기가 중요하다는 거지. 그리고 은근히 자신감이 드러나야 한다는 거야. 예를 들어 앞에 정확한 발음을 위해 미리 연습하라는 제안이 있었지. 그런데 발음이 정확하지 않고 오히려 수줍은 듯 말을 해서 순수함을 느끼게 할 수도 있다는 거지. 약간은 어눌한 말투가 면접관에게 오히려 진지함과 신중함을 줄 수도 있지. 이것은 개인에 따라 다른 거야."

"그러니까 개인이 분위기에 따라 다르고 내공에 따라 다르니 앞에 나온 유의 사항은 그저 참고다, 이런 말씀인가요?"

"좋아. 이해력 좋고!"

"그런데 뭘 해도 어울리고 어색하지 않으려면 상당한 내공이 필요하겠네요."

휴우, 필요한 게 한둘이 아니구나. 면접에 성공하기 위해서는 알아야 할 것도 많고, 상당한 내공을 쌓는 게 필수잖아. 친구들한테 잘 얘기해 줘야겠네. 부지런히 내공을 쌓으라고.

"맞아. 옷차림만 해도 많은 시행착오를 거듭한 후에야 자신의 스타일을 찾을 수 있지. 평소에 옷차림에 관심이 없다가 면접을 앞두고 그에 알맞은 옷차림을 검색해서 입어 봐야 어색할 뿐이지. 남자의 경우 넥타이 안 매다 갑자기 매면 어색한 티가 줄줄 흐르잖아. 여자도 척 보면 투피스 입은 적이 별로 없다는 분위기가 확 나지. 마치 남의 옷을 입고 있는 것처럼."

"그럼 언제부터 옷차림에 관심을 갖고 시작해야 하나요?"

"요즘이야 어렸을 때부터 남이 시키지 않아도 알아서 하지만 그래도 고등학교를 졸업하면 좀 더 자유스러우니까 그때부터 시작해 봐야지. 비싸지 않아도 어떤 스타일, 어떤 색상이 자신에게 맞는지 연구하고 입어 보면 내공이 쌓이게 되는 거지."

"캬, 생각보다 어렵네요. 투자도 많이 해야 하고요."

"많이 해야지. 면접을 왜 보겠냐. 전공 지식을 묻기 위해서는 아니거든. 분위기와 인간성 그리고 교양을 테스트하려는 것이지."

"교양이라면 어렸을 때부터 여러 분야의 책을 읽어야 되잖아요. 어렵겠는데요."

"어렵지. 시사 상식이 아니라 교양이라면 어떤 질문이 나올지 모르지. 그러니까 면접을 볼 때면 언제나 떨리는 거야. 그러니 어렸을 때부터 꾸준히 자신을 가꿔 오지 않으면 면접에서 성공하기가 어렵겠지."

"내공이 그런 뜻인가요?"

"그렇다고 볼 수 있지. 자신을 꾸준히 잘 가꾸는 것이지. 속사람과 겉모습을 함께."

"속사람과 겉모습이라…. 괜찮은데요."

"정말? 그런 말 하면 나는 정말 믿는 사람이야."

멘토가 웃음을 터뜨렸다. 가끔은 이런 아부를 해 줬어야 했는데 하는 때늦은 후회가 아주 잠깐 들었다. 뭐 후회라고 할 것도 없지만.

"면접에서 준비해 온 것만 말하면 안 된다고 하는 제안이 앞에 나왔었지? 그런데 실제 상황은 면접관이 일부러 위기 상황을 조성한다고 봐야지."

"무슨 말씀이세요?"

"답이 뻔히 예상되는 질문을 하는 것이 과연 면접에서 사람을 가려내는 데 얼마나 도움이 되겠느냐. 일단 기본 질문이야 하겠지만 관심이 간다면 예측하지 못한 질문을 던져서 어떤 반응을 보이는지를 살펴보는 게 더 좋지 않겠냐?"

"그럴 것 같기도 하네요."

"그래서 면접 때 위기 대처 요령이라는 것도 이미 나와 있다."

"어디요?"

"스크린을 봐라."

'면접 때 위기 대처 요령'이란 제목을 단 글이 스크린 위로 떠올랐다.

| 면접 때 위기 대처 요령 |

아무리 사전에 면접 준비를 철저히 하더라도 실제 면접에서는 예상하지 않았던 질문을 받는 경우가 대부분이다. 이럴 경우 다리가 떨리고, 말이 평소보다 빨라지는 등 당황하게 마련이다. 면접관들은 일부러 지원자들을 당황하게 해 놓고, 이 같은 상황을 어떻게 대처해 나가는가를 유심히 살펴보는 경우가 많다. 그러나 위기에는 기회가 반드시 있다. 가령, 키가 190cm나 되는 지원자가 있다고 하자. "우리나라 평균 키는 어떻게 되느냐"고 면접관이 물었다. 이 말은 "키가 너무 크지 않느냐"는 우회적 물음이다. 이때 "키와 업무는 상관없다"고 대답하면, 썰렁해진다. 이런 경우 "서구에 있는 해외 지사로 보내 달라. 키에 관한 한 서양인들과 동등한 조건에서 대할 수 있다"는 대답이 위트 있는 답이다. 면접관이 지원자의 약점을 지적할 경우, '아니다' '그렇지 않다'고 강하게 부인하기 쉽다. 그러면 면접관은 '대든다'는 인상을 받게 된다. 이때는 "지적해 주셔서 감사합니다. 저도 고치려고 노력 중입니다"라는 등으로 면접관의 지적을 수용하는 자세를 취하면 궁지에서 탈출할 수 있다.

―조선일보, 2005. 11. 21.

"요약하면 어떻게 되느냐?"

"위기 상황은 오게 마련이니 준비를 해라, 뭐 이런 뜻인 것 같습니다."

"그렇지. 위기 상황이 온다고 보고 준비를 해야 하는데 구체적으로는 위트 있는 답변, 면접관의 지적을 수용하는 태도가 좋다고 권하고 있지. 어때, 효과가 있을 것 같으냐?"

"쩝. 솔직히 잘 모르겠습니다."

"뭔가 불만이 있구나. 말해 보아라."

멘토에게 속마음을 들킨 이상 털어 놓아야지 별 수 없었다.

"면접관에게 대든다는 인상을 주면 안 됩니까? 면접관이 약점을 지적하는 것은 업무와 관련이 있을 때에만 유효하지 않겠습니까? 예를 들어 위에 나왔던 키의 경우 업무와 관련이 없다면 그런 질문은 하지 말아야 한다고 봅니다. 최근에는 경찰관의 키 제한은 위헌이라는 결정이 있었던 것을 알고 있습니다. 따라서 업무와 무관한 약점 지적이라든가 인신 공격성의 질문에 대해서는 수용하지 말고 할 말은 해야 한다고 봅니다."

"면접에서 할 말은 해야 한다고?"

멘토는 순간 기가 막힌다는 표정을 지었다. 면접인데 할 말을 해야 한다는 반론에 대해 멘토는 젊은 세대가 새로운 세대라는 것을 새삼 느끼는 모양이었다. 맞는 말이기는 한데 그렇게 해서는 취업이 어렵지 않을까? 하는 생각을 하였다. 하지만 곧 표성을 수습하고 말했다.

"상황을 판단해 보자. 면접은 토론이 아니거든. 따라서 면접관과 너는 동등한 위치가 아니야. 그리고 면접관이 개인적인 목적으로 공격을 하는 것이 아니라 지원자의 위기 대처 능력을 테스트하려고 일부러 도발하는 것이니까, 할 말을 하면 안 되고 해야 할 말을 해야 하는 것이지. 알겠냐?"

"조금 알겠습니다. 그러면 그런 도발에 어떻게 대응해야 합니까?"

현민은 수그러들 수밖에 없어 이렇게 대답했다.

"별 다른 방법이 없지, 내공을 기르는 수밖에. 예측할 수 없는 도발에 대해 구체적인 대비책이 있다면 그것은 이미 예측할 수 없는 도발이 아니겠지. 따라서 내공을 기르는 수밖에 없다. 이건 비단 면접에만 해당하는 얘기가 아니다. 앞에서도 말했지만 말하기란 일방적인 것이 아니라 듣는 사람과 말하는 사람이 쌍방향으로 주고받는 퍼포먼스이기 때문에 항상 예상치 못한 일들이 벌어지게 마련이다. 지금까지 말한 원칙들을 그때그때 적당하게 활용할 수 있는, 말하자면 임기응변에 능해져야 한다는 말이지."

11 이것만은 꼭!

자신만의 분위기를 연출하라.

경영층은 오랜 경험을 통해 나름대로 사람을 보는 안목과 기준을 갖고 있게 마련이다. 그것이 무엇인지는 사람마다 다르기 때문에 일률적으로 말하기는 어렵지만 분명한 것은 내공이 깊은 사람은 알아본다는 것이다.

내공이란 무엇인가? 한마디로 속사람이다. 겉이 아닌 속사람의 됨됨이가 결국은 겉으로 풍겨 나오게 된다. 그러니 어렸을 때부터 꾸준히 자신의 속사람과 겉모습을 함께 가꾸는 것이 면접에 성공하는 지름길이다.

면접을 보는 이유는 전공 지식을 테스트하기 위함이 아니라 그 사람의 분위기와 인간성, 교양 등을 테스트하려는 것이다. 따라서 여러 가지 면접 요령이나 유의사항 등이 있지만 그것은 어디까지나 참고 사항일 뿐이고, 자신만의 분위기를 연출해야 한다.

임기응변에 능해야 한다

임기응변의 달인은 많은 노력과 시행착오를 거처 만들어진다.

임기응변에 능해야 한다고? 임기응변이 좋은 뜻은 아닌 것 같은데…. 일단 물어보자.

"임기응변이란 보통 부정적 의미로 쓰이지 않습니까?"

"보통은 그렇지. 하지만 임기응변의 뜻이 무엇인지 아느냐?"

"그때그때 맞춘다는 거 아닙니까? 일관성이나 지조 없이."

"임기응변이 부정적 어감을 갖는 것처럼 보이지만 실은 그런 뜻은 아니야. 그보다는 상황이나 변화에 응한다는 뜻이지. 사전을 보면 이렇게 나와 있지.

임기응변(臨機應變): 그때그때의 형편에 따라 일을 알맞게 처리함.

원래의 뜻은 '臨機應變'이란 한자어가 보여주듯이 기회에 임하고 변화에 응한다는 것이야. 즉 기회가 오면 잡고 변화가 생기면 적절히 대응한다는 말이지. 병법에서 가장 훌륭한 전략 중 하나라고 할 수 있다."

아하, 임기응변에 그렇게 깊은 뜻이 있는지는 미처 몰랐는데…. 사람은 역시 배워야 한다니까.

"한자어로 풀이하니까 어감이 다른 말이 되네요. 그런 것을 말하기에 적용해야 한다는 것인가요?"

"그렇지. 말하기의 유형에는 여러 가지가 있는데 어떤 경우라도 기회가 오면 잡고 변화에는 적절히 응해야 한다는 것이야. 이런 예를 들어보자. 연애를 못하는 사람이 연애를 잘 하기 위해 연애 잘하는 법에 관한 책을 많이 사서 정독한다고 해서 실제 연애에서 성공할 확률이 얼마나 될까? 의외로 낮을 거야. 왜 그럴까?"

"그건 제가 알겠습니다. 제가 해 봤거든요."

현민은 오랜만에 자신 있게 대답했다.

"그래? 성공했냐?"

"아니오. 잘 안 되던데요. 그 이유는 책에 나온 상황이 실제에는 별로 없기 때문입니다. 게다가 상대도 저와 똑같은 사람인데 책에 나온 대로 움직일 리가 없잖아요. 혹시 강아지나 고양이를 키우는 책이면 몰라도."

"중요한 점을 말했다. 말하기란 데이트와 아주 비슷하지. 상황이 예측 불허라는 거야. 혼자 하는 게임이 아니라 상대가 있으며, 상대 또한 자기와 똑같은 이성과 감성을 가졌다는 것이지.

이런 점이 말하기와 데이트를 어렵게 하는 거야. 그러니 이 점을 명심하고 성공 원칙을 자신에 맞게 알아들어야 하는 거야."

"죄송스러운 말이지만, 그렇다면 대책이 없는 거 아닙니까? 알맞게 대처하라는 말은 실제로는 네가 알아서 하라는 말과 동의어로 보이는데요."

"네 말도 일리가 있어. 이런 기준은 아주 어려운 것이지. 수치로 나타낼 수도 없고 객관적인 검증이 가능한 매뉴얼도 없고. 게다가 처하는 상황은 같은 사람이라 할지라도 매번 다르니까 사실은 매뉴얼이 없는 것이지. 다시 말해서 임기응변에 능해야 한다는 것은 절대 고수가 되라는 말과 같은 거니까. 절대 고수가 되면 아무도 너를 이기지 못한다. 따라서 절대 고수가 되라. 그럼 어떻게 하면 절대 고수가 되는가? 그건 아무도 너를 이기지 못하게 하면 된다. 이런 식이 된다는 거지."

"이렇게 된다는 건가요? 토론에서 이기려면 임기응변에 능해야 한다. 기회에 임하고 변화에 응하면 아무도 너를 이길 수 없다. 따라서 임기응변에 능해라. 그럼 어떻게 하면 임기응변에 능하게 되는가? 그건 네가 그때그때 알맞게 대처하면 된다. 알맞게 대처한다는 것은 무엇인가? 그것은 기회에 임하고 변화에 응하는 것이다. 이런 식이라는 말씀이지요?"

"캬, 많이 늘었다. 나보다 낫네."

"농담 마시고요. 그렇다면 임기응변에 관해서는 더 하실 말씀이 없으시겠네요. 뭐 절대 고수가 될 수 있는 비급도 없잖아요."

현민은 농담할 기분이 아니었다. 아니, 다소 실망스럽기까지

했다. 절대 고수가 되면 문제가 해결된다는 것은 알지만 멘토가 얘기하는 것은 다람쥐 쳇바퀴 도는 식의 답변이었기 때문이다.

"급하구나, 아직도. 비급이 있을지도 모르지."

"어디에 있습니까?"

눈이 휘둥그레지며 현민이 물었다.

"비급은 우리가 하고 있는 모든 수업에 다 스며들어 있는 것이다. 다시 말해서 임기응변이라는 것은 몇 가지 원칙을 알고 익힌다고 해서 생기는 것이 아니다. 여기에서 논의되는 모든 문제와 지침을 자기 나름대로 소화해서 자기 것으로 만들고 그것을 끊임없이 실전에서 연마해야 생기는 것이다."

"어렵습니다. 조금 쉽게 안 될까요?"

"여기서 멋진 얘기 하나 해 보자."

"어떤 거요?"

"월인천강지곡이라고 들어 봤지?"

"예. 용비어천가인가? 거기에 나오는 거 아닌가요?"

"그런 것 같다. 하고픈 말은 월인천강이 본래 어떤 뜻인지 알고 있느냐이다."

"글쎄요. 그냥 제목으로만 외워서 무슨 뜻인지는 생각해 보지 않았는데요. 한자로 어떻게 됩니까?"

"한자로 月印千江이라고 하지. 됐냐?"

"그래도 잘 모르겠습니다."

"대충 이런 뜻이다. 도(道)라는 것이 만물에 스며들어 있는데 그것은 마치 달이 천 개의 강, 즉 모든 강에 인을 찍은 것과 같다. 즉 달이 모든 강을 비추고 있는 것과 같다. 뭐 그런 뜻이지."

"멋있기는 한데요. 그게 임기응변이랑 무슨 관련이 있습니까?"

"아까 어떻게 하면 절대 고수가 될 수 있느냐고 물었지. 그것은 어떤 원칙 몇 가지를 지킴으로써 되는 것이 아니라 세상의 모든 것을 보고 경험해야 될 수 있다는 것을 말하고자 함이다. 즉 정말 비급이 있는 것이 아니라 세상의 모든 것에 원리가 들어 있다는 것이지. 그러니 어디에서 시작하든 시간을 가지고 성심을 다해 노력해야만 한다는 것이야. 도라는 것이 만물에 스며들어 있다면 어떻게 몇 개의 사물을 가지고 도를 다 알았다고 할 수 있겠느냐."

"도사 같은 말씀이신데요. 갑자기 분위기 바꾸시면 적응하기 어렵습니다. 요점이 뭡니까?"

"건조한 놈. 모처럼 폼 좀 잡으려 했는데 협조가 안 되는구나. 요점은 임기응변의 달인이 되는 비결은 없다는 거야. 시간이 걸리고 많은 노력이 필요하고 시행착오를 통해 배워야 한다는 것이지. 왜냐? 임기응변이란 일종의 능력이거든. 그런데 능력이란 구체적인 기술을 말하기보다는 어떤 것이든 할 수 있는 잠재된 용량을 말하기 때문이지. 따라서 용량을 키우려면 시간과 노력이 필요하다는 거야."

"평범한 얘기네요."

현민이 조금 냉소적으로 말했다. 뭔가 구체적인 방법이 나올 줄 알았는데 별 뾰족한 수는 없다는 답이 돌아오니 조금은 허탈한 나머지 자기도 모르게 삐딱한 말이 나오고 말았다. 멘토의 표정을 보았다. 별 변화가 없어 보였다. 오히려 빙그레 웃는 듯 했다.

"그렇지. 평범한 얘기지. 마치 달이 모든 강에 도장을 찍는 것과 같이 평범한 얘기지. 하지만 진리가 있는 얘기야. 모든 것에 비법은 없어. 불로장생의 영약이 존재하는 것이 아니고 마음을 편안하게 갖고 운동 열심히 하는 것이 건강하게 사는 비결인 것과 같은 이치야."

"질문을 해도 되겠습니까?"

"물론이지. 삐딱한 질문인 모양이구나. 그렇지?"

"그런 건 아니고요. 그렇다면 우리가 논의한 그리고 논의할 모든 것이 다 임기응변을 위한 밑거름이 되는 것입니까?"

"좋은 표현이다. 우리가 하는 모든 것이 필요할 뿐만 아니라 실전에서 배워야 할 것도 아주 많이 있지."

"실전에서 무엇을 배워야 하는지 미리 알려주면 되잖아."

"물론 내가 아는 것은 알려주지. 하지만 내가 알려주는 것만으로는 절대 충분하지 않다는 것을 말하고자 임기응변이라는 것을 끄집어 낸 것이다. 무슨 말이냐 하면 어떤 책을 보면 이 책을 읽으면 말하기에 대한 고민은 끝이라는 식으로 되어 있더라고. 마치 만병통치약이나 무술의 비급인 것처럼. 하지만 이런 것은 없다는 것이야. 알겠냐?"

"예. 그 이유는 모든 상황은 그때그때 다 다르기 때문에 알맞게 대처한다는 것은 능력으로 대비해야지, 특정한 지침으로는 충분하지 않기 때문이죠?"

"맘에 든다."

"다 가르침 덕분입니다."

현민이 배시시 웃으며 말했다.

"이제는 농담까지…. 좋아. 자, 이 정도면 상황에 따른 말하기 요령까지 구체적으로 다 설명한 것 같은데 이제 말하기에 어느 정도 자신감을 가질 수 있겠느냐?"

"이론상으로는 확실하게 알아들은 것 같은데 실전에서는 어떨지 잘 모르겠네요."

"저런, 내가 앞에서 뭐라고 했느냐? 말하기에서는 자신감 있게 얘기하는 게 중요하다고 하지 않았느냐? 아직 네가 말하기에 자신감이 없는 것 같으니 말하기를 완성하게 해 주는 나머지 2%에 대해서 설명을 해야겠구나."

"아니, 그런 게 있으면 진작 설명을 해 주셨어야죠."

12 이것만은 꼭!

끊임없는 실전을 통해서 진짜 실력이 쌓인다!

임기응변이란 그때그때의 형편에 따라 일을 알맞게 처리한다는 의미다. 원래의 뜻은 기회에 임하고 변화에 응한다는 것으로, 기회가 오면 잡고 변화가 생기면 적절히 대응한다는 말이다.

임기응변이란 몇 가지 원칙을 알고 익힌다고 해서 생기는 것이 아니다. 여기에서 논의되는 모든 문제와 지침을 자기 나름대로 소화해서 자기 것으로 만들고 그것을 끊임없이 실전에서 연마해야 생기는 것이다.

임기응변의 달인이 되는 비결은 없다. 시간이 걸리고 많은 노력이 필요하고 시행착오를 통해 배워야 한다. 왜냐? 임기응변이란 일종의 능력인데, 능력이란 구체적인 기술을 말하기보다는 어떤 것이든 할 수 있는 잠재된 용량을 말하기 때문이다. 따라서 용량을 키우려면 시간과 노력이 필요하다.

05

말하기를 완성하는 2%

외모에 신경을 써라

비유나 사례 중심으로 말하라

생생한 체험이 약이다

예의를 지켜라

# 기로 상대를 제압하라

결국 토론은 기 싸움이거든. 기라는 말이 애매하기는 하지만 어쨌든 상대방에게 꿀리면 안 되는 거지.

외모에 신경을 써라

토론은 내용 외에 토론자의 외모와 말투 등에 의해서도 승부가 난다.

"앞에서 첫인상이 결정되는 데 3초 정도밖에 안 걸린다는 얘기를 했었지. 그럼 첫인상을 결정하는 중요한 요소 중의 하나가 뭐라고 생각하느냐?"

"그거야 물론 외모 아닌가요?"

"그렇지. 하지만 타고난 외모를 고칠 수는 없는 노릇이니 외모 이외에 자신의 이미지를 결정힐 수 있는 옷차림에 신경을 써야겠지. 때와 장소에 맞는 옷차림을 하는 것도 자신의 이미지를 결정하는 데 아주 중요한 역할을 하거든."

멘토는 손으로 입을 가리고 얕은 기침을 한 후 말을 이었다.

"면접에서 어떤 옷을 입을 것인가는 앞서 말했다. 그럼 회의와 토론 시에는 어떤 옷을 입어야 할까? 준비한 자료가 있다. 보고 얘기하자."

푸른색 스크린 위로 하얀색 글씨가 떠올랐다.

'옷을 제대로 입는다는 것은 구체적으로 어떤 것을 뜻하는 것일까요?' 성공적으로 옷을 입으려면 무엇보다 중요한 것이 소위 말하는 T.P.O. 아니겠어요? 때(Time)와 장소(Place)와 경우(Occasion)에 맞게 입어야겠죠.
—《성공하는 남자의 옷입기》, 김동수·정혜인, 도서출판 까치, 1993, 14쪽

타이와 셔츠, 수트와의 궁합
흔히 신사복의 3원색이라 일컬어지는 회색, 청색, 밤색 3가지 계열의 수트에 각각 어떤 셔츠와 타이로 연출하는 것이 좋은가? 그날그날의 필요에 따라 수트를 선택하되 같은 수트라도 셔츠와 타이와의 조화, 즉 브이존의 코디네이션에 따라 다양한 멋을 즐길 수 있음을 알고 계시겠지요?

청색 계열 수트
청색 수트는 깔끔한 느낌을 주고 싶을 때 입도록 합니다. 청색은 분명한 인상을 주는 반면 차가워 보일 수도 있으므로 셔츠나 타이는 되도록 부드러운 느낌을 주는 색상으로 고르는 것이 좋습니다.
흰색 와이드 스프레드 칼라 셔츠에, 청색 바탕의 고른 페이즐리 타이를 매면 클래식하면서 더없이 말끔한 인상을 줄 수 있습니다.
—《남자의 옷 이야기 1》, 타이콘 패션연구소 편저, 시공사, 1997, 162~3쪽

굉장히 복잡하다는 느낌이 들었다. 아, 옷 입는 것이 뭐 그렇게 어려워. 타이와 셔츠, 수트의 결합이라. 청색 계열 수트 중 한 종류만 예로 든 것인데도 머리가 아플 지경이었다. 회색이나 밤색까지 합하면 가짓수가 도대체 몇 개나 되는 건가? 게다가 코트도 있겠고 캐주얼도 있겠지. 구두는 또 어떻게 하고. 외모에 신경 쓰는 일이 골치 아픈 일이라는 생각이 들지 않을 수 없네.

이런 낌새를 챘는지 멘토가 말했다.

"골치 아프지? 방법이 있어. 너무 걱정 마."

"그래요? 뭡니까?"

현민이 반색을 하며 물었다.

"시행착오지 뭐겠니. 어떤 옷이 어울리는지는 입어 봐야 알거든. 아무리 사진으로 보아도 몰라. 하지만 그렇다고 책을 사지 말라는 것은 아니야. 왜냐하면 책이나 잡지를 통해 자신이 좋아하는 스타일을 고를 수 있으니까 그만큼 시행착오를 줄일 수 있기 때문이지. 즉 일단 책이나 잡지를 사서 연구하고 마음에 드는 스타일을 시도해 보는 거야."

"그럼 시간이 많이 걸리시 않나요?"

"많이 걸리지. 그래서 요즘은 청소년 때부터 다들 관심을 갖고 공부하고 시도해 보고 있지. 따라서 이것은 별로 새로운 얘기가 될 수 없을 거야."

"다 좋은데, 돈은 어떻게 합니까? 돈이 있어야 시도를 해볼 수 있지 않나요?"

"좋은 질문이다. 그렇지. 돈이 있어야 사서 입어 볼 거 아니겠냐. 맞는 말이야."

"그게 답니까?"

멘토가 뭐 이래. 순간 기가 막힌다는 생각이 들었다.

"왜, 설마 돈을 어떻게 버느냐고 물어보려는 것은 아니겠지? 무슨 의도인지 알겠다. 돈이 없으면 어떻게 해야 하느냐는 것이지?"

"예."

"방법이 없는 게 아니야. 의지를 가지고 꾸준히 연구하면 기회가 오게 마련이야. 사실 한국 사람들은 술을 마시거나 노는 데 돈을 너무 쓰고 있지. 마음이 있다면 다른 데 쓰는 것을 줄여서 얼마든지 자신이 원하는 스타일을 시도해 볼 수 있을 거야. 그건 그렇고 옷과 관련해 한 가지 얘기해 줄 게 있다."

"뭔데요?"

"남자들 정장에 관한 얘긴데 상의와 하의는 비싼 것을 사면서 셔츠와 타이는 싼 것을 사는 경우가 많이 있다는 거야. 그런데 남자들 정장은 셔츠와 타이를 고급으로 하고 상하의는 조금 싼 것으로 하는 것이 차라리 낫다는 거지. 사람들은 수트보다는 타이와 셔츠에 시선을 더 보내거든. 그리고 재킷을 벗으면 셔츠와 타이만 남게 되는데 그때 멋있어야 진짜거든."

"잘 알겠습니다. 그런데 왜 말하기에서 외모에 신경을 써야 하는지에 대해서는 말씀하지 않으셨습니다. 왜인가요?"

"올 것이 왔구나. 그래, 너는 왜일 거라 생각하느냐?"

"글쎄요. 외모로 일단 상대를 제압하려는 것 아닐까요? 저도 멋진 사람이나 예쁜 여자와 얘기를 하게 되면 자기도 모르게 좀 위축되는 것 같거든요. 장동건 옆에 있으면 괜히 주눅 들지 않겠어요."

"그런데 실제로 아름다운 여자를 만나면 괜히 주눅이 드냐?"

"예."

"네가 한 얘기가 상당 부분 맞다. 결국 토론은 기 싸움이거든. 기라는 말이 애매하기는 하지만 어쨌든 상대방에게 꿀리면 안 되는 거지. 토론이 토론의 내용으로 승부가 나기도 하지만 토론자의 외모와 말투 그리고 매너에 의해서도 상당 부분 승패가 나는 것이기 때문이지. 즉 내용도 중요하지만 이미지도 그에 못지않다는 거야. 참 사람 똑똑한데 어쩐지 맘에 들지 않는다는 경우도 심심찮게 발생하는 게 현실이니까."

"그럼 이미지를 위해 외모에 신경을 쓰라는 것입니까?"

"그런 점도 있지만 더 깊은 얘기도 있어. 외모라는 것이 이미지를 위해 꾸민다고 해서 해결되는 것은 아니라는 거야. 그 사람이 어떻게 인생을 살아왔는지 그리고 지금 어떻게 살아가고 있는지가 전체적인 외모에 드러난다는 거야. 그래서 첫눈에 척 보고 몇 초 안 되는 순간이지만 전체적인 판단을 내리게 된다는 거지. 이것을 보고 서로의 기 싸움이라고 할 수 있어. 교본대로 멋지게 차려입고는 나왔지만 어쩐지 자기 옷이 아닌 것 같은 사람이 있고, 교본과는 맞지 않지만 나름의 분위기가 있어 함부로 하지 못하겠다는 풍모를 풍기기도 하지. 무슨 말인지 알겠냐?"

"알 것도 같고 아닌 것도 같고 그렇습니다. 하지만 이미지를 위해 외모에 신경을 써야 한다는 것, 그리고 자신의 이미지를 가꾸는 데는 많은 시간과 노력이 든다는 것, 또 돈도 있어야 하지만 의지가 먼저라는 것, 그리고….”

"그리고 또?"

"그리고 또 외모라는 것이 내면의 수양 없이는 깊은 멋과 맛을 낼 수 없다는 것입니다."

"참 잘했어요!"

"놀리시는 거죠, 지금?"

"아니다. 정말 잘 정리했다."

멘토는 정말로 흐뭇한 표정을 지었다. 가르친 보람이 있다는 분위기였다.

13 이것만은 꼭!

내면의 수양 없이는 외모의 깊이도 없다.

토론은 기 싸움이다. 토론이 토론의 내용으로 승부가 나기도 하지만 토론자의 외모와 말투 그리고 매너에 의해서도 상당 부분 승패가 나기 때문이다. 즉 내용도 중요하지만 이미지도 그에 못지않다는 것이다.

따라서 이미지를 위해 외모에 신경을 써야 한다. 그리고 자신의 이미지를 가꾸는 데는 많은 시간과 노력이 필요하며, 외모라는 것이 내면의 수양 없이는 깊은 멋과 맛을 낼 수 없다는 것을 깨달아야 한다.

비유나 사례 중심으로 말하라

비유는 어려운 개념을 효과적으로 전달하는 방식이다.

"다음의 내용은 뭔가요?"

"어떻게 보면 유머 감각과 일맥상통한다고 볼 수 있는 건데, 비유나 사례를 이용하라는 거야. 말해 놓고 보니 별 얘기가 아니라는 생각이 드는구나. 요즘 말하기나 글쓰기 어느 강좌나 책을 보아도 비유나 사례 중심으로 하라는 것이 있으니까."

"그럼 그냥 넘어가죠."

"그럴까? 그것도 좋지."

멘토가 환하게 웃으며 얘기했다.

"앗, 정말 그냥 넘어가나요?"

"왜, 허전하냐? 좋다. 그럼 간단하게 해 보자. 왜 비유나 사례 중심으로 말하라고 권하겠느냐?"

"그거야 비유를 들면 이해하기가 쉽잖아요. 사례는 구체적이니까 실감이 나서 신뢰도가 높아지고요."

"이제 네가 점점 멘토가 되어 가는 것 같다. 그 대사는 내 것인데."

"죄송합니다."

멘토의 입가에 흐뭇한 미소가 번졌다. 현민도 덩달아 웃었다.

"죄송하긴…. 맞는 말이다. 우선 비유를 들면 이해하기가 쉬운데 보통은 어려운 개념을 설명하기 위해서 이용하지. 어려운 개념을 효과적으로 전달하는 방식이라고 보면 된다. 예를 들어보자."

'스베타케투 우화'라는 제목이 붙은 짧은 글이 스크린 위로 나타났다.

우파니샤드에는 브라만과 지식의 본질이 무엇인지를 보여주기 위한 철학적 대화와 우화가 많이 실려 있다. 찬도그야 우파니샤드(6.1-16)에 실려 있는 스베타케투 이야기도 그런 우화들 중 하나이다. 이 우화 속의 스베타케투는 12년 동안 베다에 심취해 지식을 얻은 후 자만심에 가득 차게 되었다.

스베타케투의 아버지, 웃달라카는 베다에 대한 지식을 자랑하는 아들을 시험해 본다.

아버지 생각할 수 없었던 것을 생각하게 되고, 알지 못했던 것을 알게 되는 가르침을 받았느냐?

아들 그러한 가르침이란 것이 무엇이옵니까?

아버지 한 줌의 흙덩이를 알면, 그 흙으로 만든 모든 것을 알게 된단다. 그 흙의 변형으로 만들어진 모든 것들은 그것을 소리로 부르기 위해 다른 이름을 붙인 것에 불과한 것이지. 그 중에 오직 그 '흙' 만이 참으로 존재하는 것이란다. 아들아, 이것이 바로 그러한 가르침이니라. 이 소금을 물에 넣고 내일 아침에 다시 내게로 오너라.

다음 날 아침, 스베타케투가 다시 돌아왔을 때, 소금은 물에 다 녹아 있었다.

아버지 그래, 어떤 맛이 나느냐?

아들 짭니다.

아버지 웃달라카가 시키는 대로 소금물을 조금 버린 다음, 스베타케투는 가운데쯤의 소금물을 다시 맛보았다.

아버지 그래, 이번에는 어떤 맛이 나느냐?

아들 짭니다.

그리고 나서 스베타케투는 사발의 바닥에 있는 물을 조금 마셨다.

아버지 그래, 이번에는 어떤 맛이 나느냐?

아들 짭니다.

—《힌두교》, 비네이 랄 지음/박지숙 옮김, 김영사, 2005, 38~9쪽

현민은 쭉 읽어보았다. 지식이 무엇인지를 보여주는 우화로 보였는데 정확한 의미는 파악하지 못했다. 지식이 소금과 같이 변할 수 없는 본질에 대한 것이라는 말로 해석이 될 뿐이었다. 약간 미심쩍은 얼굴을 하고 있는데 멘토가 말을 걸었다.

"무슨 말인지 알겠느냐?"

"대충 알겠습니다. 지식이란 본질에 대한 것이라는 우화 아닙니

까?"

"뭐 대충 맞는 말이다. 그래, 우화를 통해 말하니 이해하기 쉬우냐?"

"장황하고 어려운 용어를 써 가며 지식이 무엇인지를 설명하는 것보다는 훨씬 낫지요."

"이해하기 쉽다는 거지? 그렇다면 어떻게 해야 비유를 많이 알 수 있겠느냐?"

"책을 많이 읽으면 되지 않나요? 앞의 것도 책에서 인용된 것이니까요."

"그렇지. 책에 많이 나와 있지. 다른 방법도 있어. 자신이 스스로 만들어 내는 거야. 꼭 책을 의지해야 할 이유는 없는 것이니까. 자신이 적절한 비유를 만들어 낼 수도 있잖아."

"좋긴 하지만 어렵지 않을까요?"

"어렵지. 그렇다면 왜 어려울까?"

"흠…".

"쉽게 생각해 보자. 비유를 들려면 본질을 알고 있어야 해. 어떤 사태에 대해 그것의 본질이 무엇인지를 분명히 알고 있어야 적절한 비유를 들 수 있는 것이지."

"어떤 예가 있나요?"

"예라…. 그럴 줄 알았다. 몇 년 전에 선거를 앞두고 노회찬 씨가 이제 고기를 굽는 불판을 갈아야 될 때라는 발언을 한 적이 있었지. 즉 정권교체를 말한 것인데 불판에 빗대어 표현해서 상당한 호응을 얻었지."

"재밌네요."

"재밌다니 다행이지만 재미를 주는 비유를 찾아내거나 만들어 낸다는 것은 상당한 내공을 전제로 하는 것이야. 즉 문제를 제대로 알아야 한다는 거지. 게다가 적절한 비유를 찾아낼 수 있는 능력도 있어야 하니 말이다."

"그럼 여간해서는 안 되겠네요. 똑똑해야죠. 게다가 비유 능력까지 갖춰야 하니까요."

"그렇다고 포기할 필요는 없어. 초보자는 자기가 아는 범위 안에서 속담을 가지고 놀면 되니까."

"속담을 갖고 놀다뇨?"

"속담이야말로 비유의 보고거든. 무슨 말이냐 하면 처음부터 속담이라고 하는 게 있지는 않았겠지. 사람들이 여러 가지 비유를 만들어 냈을 거야. 그런데 우리가 지금 속담이라고 부르는 것은 살아남은 비유를 말하는 것이지. 즉 그만큼 경쟁력이 있고 효과가 입증되었다는 것이지. 그러니 우선은 속담을 숙지해서 어떤 상황에 적절히 활용할 것인가를 공부하고 연습할 필요가 있다는 거야. 힐러리의 수첩에는 인용문, 속담, 격언이 빼곡하게 적혀 있다고 해."

"그럼 저도 속담을 우선 외워야겠네요."

"단순히 외우지 말고 뜻을 생각하면서 그 속담을 써먹을 상황을 상상해 봐야겠지."

"예를 들면 어떤 것이 있을까요?"

"토론에서 흔히 볼 수 있는 상황 중 하나인데 이런 경우가 있지. 지금 한국 경제가 위기이다. 위기의 원인은 이런 것들이라고 말했는데, 그럼 대책이 뭐냐? 대책도 없이 그런 말을 하는 것은 공연히 불안감을 조성해 오히려 경제를 망치게 된다. 따라서 대책도 없이 무책임하게 그런 말 하지 마라. 이런 상황 말이야. 어때, 익숙하지?"

"예. 많이 본 것 같습니다."

"이럴 때 어떤 대응을 해야 될 것 같으냐?"

"원인을 알아야 대책을 세울 수 있는 것 아니냐, 먼저 원인을 알고 대책은 함께 논의하면 되는 것 아니냐, 이런 반론을 펼 수 있을 것 같습니다."

"좋은 대응책이지. 하지만 효과적이지는 않지. 뜨뜻미지근하다는 거지. 보다 통렬한 반격이 필요한 시점이 아니겠냐. 실컷 경제 침체의 원인을 말했더니 그것에 대한 잘잘못을 논하지는 않고 대뜸 대책이 없으면 무책임하게 그런 말 하지 말라니. 그렇겠지?"

"살짝 열 받겠네요."

"이럴 때 이런 속담을 쓰는 거야. '물에 빠진 놈 건져 놓으니까 내 봇짐 내라 한다.' 경제 침체의 원인을 말해 주니까 오히려 봇짐 내 놓으라는 격이라는 것이지. 어때, 괜찮지?"

"좋은데요. 물에서 건져낸 것에 감사하지 않고 오히려 적반하장 격으로 봇짐 내 놓을 자신이 없었으면 물에서 건져내지 말았어야 한다고 하는 것과 같으니까요."

"속담이 흔하고 누구나 알고 있는 것 같으니까 쓰임새에 소홀히 하는 경향이 있지. 속담은 조금 전에 말했듯이 경쟁력으로 오랜 시간을 거쳐 살아남은 것이야. 그러니 대단히 센 놈이지. 이런 놈을

 적절히 이용한다면 거의 모든 경우에 적절한 비유를 댈 수 있을 거야. 그러니 너무 걱정 말고 속담을 연구하는 것이 좋다는 얘기다."
 "속담 연구라…. 좋습니다. 저도 열심히 하겠습니다."
 멘토의 얼굴에 흡족한 미소가 번졌다. 현민이 공손히 답해서 그런 모양이었다.
 "또 하나의 원천이 있다."
 멘토는 보너스를 주는 사장의 조금은 거만한 얼굴을 하고는 말했다.
 "속담 외에 효과적인 비유는 우화에서 찾을 수 있지. 아까 힌두교의 우파니샤드에서 본 것처럼 종교 경전에는 수많은 이야기가 담겨 있거든. 정말로 마르지 않는 무궁무진한 보고지. 따라서 어느 경전이든 열심히 읽으면 훌륭한 비유나 이야기를 얼마든지 찾아낼 수 있다."

"성경도 해당되나요?"

"물론이지. 성경뿐만 아니라 불경도 우화의 영원한 원천이지."

"그럼 코란은 어떤가요?"

"지금 장난 하냐? 성경, 불경이 되는데 코란이 왜 안 되겠냐. 그런 걱정하지 말고 읽기나 해라."

"죄송합니다."

말은 이렇게 했지만 현민의 얼굴에는 장난기가 가득 했다. 어쨌든 종교의 경전을 읽어야겠다는 생각이 들었다. 아, 그래서 목사나 신부, 스님들이 말씀을 잘 하는 거구나. 비유가 풍부해 어떤 상황에서도 쉽게 설명할 수 있으니까. 그걸 왜 몰랐을까.

"무슨 생각을 그리 골똘히 하냐? 한 가지 더 있다. 우화의 원천 중 하나는 《탈무드》다. 《탈무드》가 뭔지 아느냐?"

"사람을 어떻게 보시고…. 에, 입니다. 유대인의 지혜를 모아 놓은 책 아닙니까. 랍비가 지혜를 알려주는 역할을 하고요."

"그렇지. 《탈무드》는 방대한 책인데 수많은 일화를 담고 있지. 따라서 이 책을 읽고 적절히 인용하면 아주 보탬이 될 거야."

"꼭 읽어보겠습니다."

"그럼 비유는 그만 하고, 사례로 넘어가자."

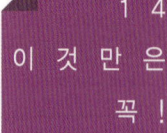

문제의 본질을 알아야 비유를 만들어 낼 수 있다.

비유나 사례 중심으로 말하라. 비유를 들면 이해하기 쉬운데 보통은 어려운 개념을 설명하기 위해서 이용한다.

초보자는 자기가 아는 범위 안에서 속담을 가지고 놀면 된다. 속담이야말로 비유의 보고다. 그러니 속담을 숙지해서 어떤 상황에 적절히 활용할 것인가를 공부하고 연습할 필요가 있다.

속담 외에 효과적인 비유는 우화에서 찾을 수 있다. 종교 경전, 《탈무드》도 도움이 된다.

또한 문제를 제대로 알고 있다면 자신이 직접 적절한 비유를 만들어 낼 수도 있다.

생생한 체험이 약이다

어떤 사소한 것들이라도 비범한 관찰력으로 바라보고 기록하라.

"질문 있습니다."

"사례가 비유와 다른 점이 뭐냐는 거지?"

멘토는 현민의 머릿속을 꿰뚫는 듯 이렇게 말했다. 현민은 놀라지 않을 수 없었다.

"앗, 어떻게 아셨습니까?"

"내가 멘토 생활 1, 2년이냐. 비유가 어떤 사태의 요체를 설명하는 도구라면 사례는 주장에 생기를 주는 장치라고 할 수 있지. 즉 실제로 일어났던 일을 얘기해 주면 듣는 사람은 친근감을 느끼는 동시에 그것이 실제로 일어났다는 이유로 다음 주장에 강한 신뢰를 보내기 때문이지."

"실제로 있었던 일을 적절히 구사해야 된다는 것이지요?"

"물론이지. 예를 하나 들어보자. 이것도 사례의 예가 되겠지."

"어떤 겁니까?"

"이런 일이 실제로 있었대. 어느 중학생이 미국으로 유학을 갔는데 미국 학생이 물어봤다는 거야.

미국 학생: 어디에서 왔냐?

한국 학생: 한국.

미국 학생: 남이야, 북이야?

한국 학생은 잠시 생각에 잠겼대. 내가 어디에 사나? 강남인가, 강북인가? 강북이구나. 그래서 이렇게 답했다는 거지.

한국 학생: 북에서 왔어.

무슨 말인지 알겠냐?"

"잘은 모르겠지만 이런 의미 아닐까요? 요즘 젊은 세대, 아니 어린 세대는 남북 분단이라든가 통일에 별 관심이 없고 개인적인 문제에 관심이 있다는 것 같은데요."

"그런 것 같다. 아마 20년 전에 그런 질문을 받았다면 생각할 여지도 없이 남이라고 답했겠지. 하지만 시대가 달라졌고 사회가 달라졌으니 이런 답이 나올 수 있는 거겠지."

"이와 같은 예를 젊은 세대는 통일 문제에 별 관심이 없다는 사례로 들 수 있다는 말씀이지요?"

"물론이지. 어설픈 통계 수치를 제시하는 것보다 훨씬 인상적이지."

"그런데 저 같은 경우는 특별한 경험을 별로 해 본 적이 없어서 실제 있었던 일을 예로 들기가 어려운데요."

"그럼 남에게 들은 얘기도 없느냐?"

"예. 별로 사람들을 만나지 않아 그럴 기회가 적은 편이라서…. 저 같은 경우 어떻게 하면 됩니까?"

"두 가지 방법이 있어. 하나는 자신이 겪는 일을 주의 깊게 관찰하는 거야. 사실은 많은 것을 보고 듣는데도 불구하고 경험하는 일들을 기록하지 않거나 기억하지 못하기 때문에 자신은 별로 경험이 없다고 생각하기 쉬운 것이지. 일상을 살면서 왜 경험이 없겠어. 사소한 것들을 비범한 관찰력으로 바라보고 자기 것으로 만드는 것이 중요하지."

"예를 들면 어떤 게 있을까요? 사소하지만 의미를 부여할 수 있는 사례요."

현민의 질문이 이어졌다.

"음, 이런 건 어떠냐. '열공'이란 말 알고 있지?"

"예. 열심히 공부한다는 뜻 아닙니까?"

"그렇지. 젊은 세대가 아주 흔히 쓰는 말이지. 그런데 이런 말이 자식의 방문에 붙어 있었는데 무슨 말인지 몰랐다는 얘기를 하는 사람들이 가끔 있어. 그러면서 요즘은 말을 함부로 줄여서 세대간 골이 깊어진다는 거야. 과연 그럴까? 오히려 이런 사례가 한글의 발전을 말하는 것은 아닐까?"

"어떻게 '열공'이 한글의 발전을 말해 줄 수 있나요?"

"전통적으로 한글의 약점으로는 조어력이 지적되어 왔어. 즉 한자 없이는 새로운 단어를 만들어 내기 어렵다는 것이지. 한자는 뜻글자고 한글은 소리글자이므로 한자의 도움 없이 한글 전용은 어렵다고 많은 사람들이 주장해 왔지. 하지만 '열공'이라는 말이 이런 우려를 한 방에 씻어 버린 거야. 한글만으로도 줄여서 새로운 말을 만들 수 있다는 것을 보여준 거지. 또 서로 다른 말을 결합하여 새로운 말을 만들기도 하지. 얼짱, 얼꽝, 악플 등이 이런 사례지."

"일상의 예로 시작하여 주장으로 옮겨간다는 것이지요?"

"그렇지. 열공, 얼짱, 얼꽝 등은 너도 잘 아는 말이고 흔히 쓰는 말이잖아. 거기에서 시작하면 되는 거야. 더 필요한 것은 예리한 관찰력이겠지."

"잘 알겠습니다. 그럼 두 번째는 무엇입니까?"

"사례를 모으는 또 하나의 방법은 신문과 잡지를 읽는 거야. 신문은 사실 보도를 기본으로 하고 있고, 잡지 역시 견해보다는 현재의 상황을 취재 보도하니까 실제로 있었던 일을 아는 데 크게 도움이 되지."

"단행본은 안 되나요?"

"단행본은 사실을 알려주는 것이라기보다 주장을 증명하는 것이다."

"그럼 신문이나 잡지를 열심히 보면 실제 일어났던 사건들을 많이 알게 되겠군요."

"물론이지."

"그런데요. 비유나 사례를 중심으로 말하는 것은 토론이나 발표에 해당되는 것이지요? 면접에는 어울리지 않을 것 같고요. 회의에서도 좀 그렇지 않나요?"

"왜 회의에서는 좀 그렇다는 거냐?"

멘토가 되물었다.

"회의는 앞에서 말씀하신 것처럼 높은 사람이 중심이 되는데 비유나 사례를 드는 것은 좀 건방져 보이지 않을까요?"

"좀 그런 면이 있지. 회의에서 비유는 삼가는 것이 좋지만 사례는 말하는 것이 좋아. 사례는 사실에 근거하는 것이니까 타이밍만 주의하면 건방져 보이지는 않지. 예를 들어 회의 중 어떤 제품 개발이 논의된다고 하자. 이때 발언 기회를 얻어 그와 비슷한 제품이 국내에서 혹은 다른 나라에서 이미 출시되었다는 정도의 사실 관계 발언은 괜찮다는 거야. 하지만 비유나 사례를 들어 자신의 주장을 관철시키거나 설득하려 한다면 오히려 마이너스가 되겠지. 다시 말해서 비유나 사례 중심으로 말하는 것은 발표일 때가 가장 효과적이라는 얘기다."

"그럼 사교 모임에서는 어떤가요? 비유나 사례가 좋지 않을까요?"

"경우에 따라 다른데 재미있는 얘기를 위해 사례를 드는 것은 좋지만 역시 자신의 주장을 관철하기 위해 드는 것은 삼가는 것이 좋고, 또 비유도 마찬가지야. 재미를 더하기 위해서는 좋지만 그 이상은 안 된다는 거지."

"사교 모임에서는 자신의 주장을 남에게 설득시키거나 관철하려 하면 안 되고, 그냥 재미를 위한 말이 좋겠네요."

"바로 그거지. 눈치가 빠른 거야, 실력이 는 거야? 어쨌든 좋아."

멘토가 장난기 어린 표정으로 말했다.

"그럼 사교 모임에서는 재미있고 진솔해야 좋다는 뜻으로 해석해도 될까요?"

"그렇지. 재미도 있어야겠지만 사교 모임에서는 솔직한 게 좋지. 공적인 모임이나 자리에서는 진솔한 얘기를 하면 손해 볼 수도 있지만 사적인 자리에서는 자신을 솔직하게 드러내는 것이 좋다는 거지."

"예를 들면 어떤 거죠?"

"자기 약점을 말하는 거지. 사람들은 보통 남이 잘된 얘기보다는 다른 사람의 인간적인 면을 듣기 좋아하는데 약점을 말하는 것이 그런 면에서 아주 효과적이지. 잘난 체 하는 인간이야 매일 보는 거 아니겠냐."

"그래도 약점을 말하면 나중에 책잡히지 않을까요?"

"그럴 가능성도 있지만 실수담은 무난하고 반응도 좋은 편이지."

"예를 들면요."

"이런 건 어떨까. 추운 겨울에 어떤 사람이 술을 마시고 집에 가는데 몹시 불편하더래. 술이 많이 취해서 제정신은 아니었지만 어쨌든 몸이 조이는 느낌이었다는 거야. 집에 가서 바로 뻗어 잠이 들었대. 그런데 아침에 일어나 보니 아내가 눈을 흘기고 있더래. 왜 그러냐고 물었더니 방바닥을 손으로 가리키더래. 그래서 보니까 바닥에 코트와 윗도리가 놓여 있었는데 순서가 바뀌었더래. 즉 코트 위에 윗도리가 입혀져 있더라는 거야. 웃기지?"

"역시 술 얘기군요. 한국에서 실수담 중 으뜸은 술 관련 얘기 아니겠어요."

"그건 그렇지. 실수담은 사람들 간의 긴장을 해제하고 친근하게 느끼게 해 주는 데 아주 효과적이지. '아, 저 사람도 실수하는구나. 그것도 아주 심하게 하네.' 이런 마음이 들게 되면 사적으로 친해지게 되지."

"그럴듯합니다."

15 이것만은 꼭!

사례는 상황에 따라 적절하게 사용해야 한다.

비유가 어떤 사태의 요체를 설명하는 도구라면 사례는 주장에 생기를 주는 장치라고 할 수 있다. 즉 실제로 일어났던 일을 얘기해 주면 듣는 사람은 친근감을 느끼는 동시에 강한 신뢰를 보내기 때문이다.

사례를 모으는 한 가지 방법은 자신이 겪는 일을 주의 깊게 관찰하고 기록하는 것이다. 기록하지 않으면 자신은 별로 경험이 없다고 생각하기 쉽다. 또 하나의 방법은 신문과 잡지를 읽는 것이다.

회의에서 비유는 삼가는 것이 좋지만 사례는 말하는 것이 좋다. 사례는 사실에 근거하는 것이니까 타이밍만 주의하면 건방져 보이지는 않는다. 예를 들어 회의 중 어떤 제품 개발이 논의된다고 하자. 이때 발언 기회를 얻어 그와 비슷한 제품이 국내에서 혹은 다른 나라에서 이미 출시되었다는 정도의 사실 관계 발언은 괜찮다. 하지만 비유나 사례를 들어 자신의 주장을 관철시키거나 설득하려 한다면 오히려 마이너스가 될 수 있다. 다시 말해서 비유나 사례 중심으로 말하는 것은 발표일 때가 가장 효과적이라는 것이다.

예의를 지켜라

인내심만 갖는다면 거의 모든 예의 문제는 해결할 수 있다.

"고맙다. 칭찬으로 듣겠다. 그럼 마지막으로 예의를 지키라는 것을 보자. 무슨 말인지 알겠지?"

"예. 대충 알겠습니다. 예의야 말할 때뿐만 아니라 어느 경우에도 지켜야 하는 것 아닌가요? 새삼스러울 것은 없을 것 같은데요."

"옳은 말이다. 문제는 말하기에서는 구체적으로 어떤 예의를 지켜야 하느냐지. 뭐 생각나는 것 있냐?"

"흥분하면 안 된다는 거죠. 흥분하면 상대방의 감정을 상하게 하고 자신도 실수할 가능성이 높기 때문이지요. 그렇지 않습니까?"

"물론 맞는 말이지. 흥분하는 것 자체가 자신이 토론에서 지고 있다는 것을 증명하는 근거가 되는 것이니까 더더욱 안 되겠지. 그런데 정말로 화가 나면 어떻게 해야 하냐? 예의를 지키면서 말이야."

"화가 나는데 예의를 지켜라, 이런 말씀인가요?"

"아까 예의를 지켜야 한다고 네가 말하지 않았느냐. 그러니 화가 날 경우에는 어떻게 하느냐고 물은 거지."

"아, 예. 글쎄요, 어떻게 해야 할까요?"

현민은 잠시 생각해 봤지만 방법을 찾지 못하고 멘토에게 되물었다.

"어떻게 하긴, 참아야지. 안 참으면 어떻게 하겠어. 화를 내거나 비판을 넘어 비난으로 가게 되면 결국 손해지. 화가 날수록 마음을 가라앉히고 자신이 무슨 주장을 하러 그 자리에 나왔는지 다시 한 번 생각해야 돼. 화를 내다 보면 자신이 해야 할 말, 하고픈 말을 못하게 되는 수가 많거든. 따라서 참고 자신의 목적을 다시 속으로 생각하는 것이 좋아."

"어려워 보이지만 그것도 그럴듯하네요. 그럼 다른 것은 또 어떤 게 있습니까?"

"지켜야 할 예의 중 가장 흔한 것인데 잘 안 되는 게 있어. 그것은 바로 상대방의 말을 도중에 끊지 않는 거야."

"당연하지 않나요? 그건 유치원 때 배우는 것 같은데요."

"그래, 당연한 거지. 하지만 배운 대로 되지 않는 것이 현실이야. 왜 상대방의 말을 끊겠어? 그것은 참지 못하기 때문이야. 상대방이 말도 안 되는 소리를 하고 있다, 사실과 다른 얘기로 듣는 사람을 오도하고 있다, 이런 생각이 들면 참을 수 없는 거지. 이렇게 돼 거의 본능적으로 상대방의 얘기를 끊고 보통은 격하게 정정을 하려 하지."

"하지만 그렇게 하면 예의에 어긋난다는 말씀이죠?"

"그렇지. 예의에 어긋날 뿐 아니라 토론에서 지는 거야. 따라서 이번 경우에도 마찬가지야. 참아야 돼. 그래야 상대방의 말을 끊지 않게 되지."

"결국 예의를 지키기 위해서는 참는 게 최선책이네요."

"인내심이 최고지. 인내심이 없기 때문에 예의에 벗어나는 언행을 하게 되는 거야. 따라서 참고 또 참으면서 자신의 주장을 차분하고 논리적으로 펼치는 게 좋지."

"결국 인내심이군요. 잘 알겠습니다. 또 다른 것은 없습니까?"

"인내심만 갖는다면 거의 모든 예의 문제는 해결할 수 있다. 그래도 마지막으로 말하자면 손동작이야. 간단하게 말해서 손가락으로 상대방을 가리키거나 지적하는 듯한 몸짓은 좋지 않아. 불필요한 오해를 불러일으키거나 상대방을 불쾌하게 할 수 있으니 삼가는 게 좋지. 손동작이 필요하다면 자신에게 향하도록 하는 게 좋다는 거야."

"잘 알겠습니다. 이것으로 끝입니까?"

"그럼 끝이지. 뭘 또 바라냐? 할 말은 다 했다. 이제는 스스로 갈고 닦는 수밖에는 없다. 하나하나 해 보면서 자기 것으로 만들어야지 다른 수가 있겠느냐."

"그럼 끝으로 재밌는 얘기 하나 해 주세요."

"이게 무슨 개콘이냐? 재밌는 이야기 해 주게."

"그래도 하나 해 주세요. 요즘 트렌드가 재미잖습니까. 마무리로 어떻습니까."

"좋다. 재미있는 이야기는 아니지만 도움이 될 만한 이야기 하나 해 주겠다.《도연초》라는 책을 아느냐?"

"잘 모르겠는데요."

"《도연초》는 일본의 요시다 겐코(1283~1352)라는 작가의 수필집인데 꽤 유명하단다. 이런 구절이 있어.

> 어떤 사람이 호넨(法然) 스님께 여쭈어 보았다.
> "염불을 할 때 잠시 졸음을 못 이겨 태만해질 때가 있는데 어떻게 하면 이런 장애에서 벗어날 수가 있습니까?"
> 스님이 대답했다.
> "정신이 들었을 때 염불을 외우십시오."
> 실로 존경할 만한 말씀이시다. 또 말씀하시길,
> "극락왕생이라고 하는 것은 절대로 가능하다고 생각하면 가능해지는 것이고 불가능하다고 생각하면 불가능해지는 것입니다."
> 이 또한 명쾌한 대답이시다. 그리고 또 말씀하시길,
> "극락왕생이 가능한지 어떤지 의문을 가지면서도 염불을 열심히 올리면 극락왕생을 할 수 있습니다."
> 이 또한 훌륭한 말씀이시다.
> ―《도연초》, 요시다 겐코 지음/채혜숙 옮김, 바다출판사, 2001, 59쪽

어때, 재밌냐?"

"처음 것은 재밌는데 뒤의 두 개는 별론데요."

"역시 그렇구나. 그럼 이것을 집에 가지고 가서 읽도록 해라. 그 동안 고생 많았다. 그럼 이만."

멘토는 짧게 인사한 뒤 현민의 인사도 받지 않고 사라졌다. 그렇게 사라지면 더 멋있나? 하지만 어쩌겠나, 돌아가야지. 집에 돌아와서 현민은 멘토가 준 메모를 펴 보았다. 《도연초》의 글이었다.

> 아주 오랜만에 만난 사람이 그 동안 자신에게 일어난 일들을 이것저것 끄집어내어 한꺼번에 털어놓는 것은 별로 바람직하지 못하다. 아무리 친했던 사이라고 하더라도 오랜만에 만나게 되면 왠지 조심스러워지는 법이다. 교양이 없는 사람은 잠깐 외출을 하고 돌아오더라도 오늘 있었던 일이라고 하며 쉴 새 없이 재미있는 듯 떠들어댄다. 품위를 갖춘 사람은 비록 많은 사람들이 모인 곳이라 하더라도 그 중의 한 사람에게 이야기하듯 조용히 말을 하는데, 그렇게 되면 주위 사람들은 자연히 귀를 기울이게 된다. 교양이 없는 사람은 특정한 누군가에게 이야기하는 것이 아니라 많은 사람 앞에 몸을 내밀어 마치 그 일이 일어나고 있는 것처럼 떠들썩하게 말을 하며 자리를 같이한 사람들이 일제히 웃음을 터뜨리는 등 시끄러운 분위기를 민든다. 이상한 이야기를 하더라도 그다지 흥미롭지 않거나, 재미없는 이야기를 하더라도 잘 웃거나 하는 태도에 따라서도 그 사람의 교양의 정도를 알 수 있다.
>
> ―《도연초》, 요시다 겐코 지음/채혜숙 옮김, 바다출판사, 2001, 77쪽

교양인이 되자!

16 이것만은 꼭!

말하기의 기본은 예의를 지키는 것이다.

토론이나 회의 등 공식석상에서 화가 난다 할지라도 일단 참아야 한다. 마음을 가라앉히고 자신이 왜 이 자리에 나왔는지 다시 한 번 생각해야 한다. 화를 내다 보면 자신이 해야 할 말, 하고픈 말을 못하게 되는 수가 많기 때문이다.

또한 상대방의 말을 도중에 끊지 말아야 한다. 상대방이 말도 안 되는 소리를 하거나 사실과 다른 얘기로 듣는 사람을 오도하고 있다는 생각이 들지라도 인내하고 예의를 지켜야 한다.

마지막으로 손동작을 주의해야 한다. 손가락으로 상대방을 가리키거나 지적하는 듯한 몸짓은 좋지 않다는 것. 불필요한 오해를 불러일으키거나 상대방을 불쾌하게 할 수 있으니 삼가는 게 좋다.